Otto Pötter

Froh zu sein, bedarf es wenig

Otto Pötter

Froh zu sein, bedarf es wenig

Mehr Freude am Leben

Titelbild und Illustrationen
von Markus Pötter

Aschendorff
Verlag

Printed in Germany
Gedruckt auf säurefreiem, alterungsbeständigem Papier ♾
ISBN 978-3-402-13112-1

In Liebe
für Bennet, Carla,
Lotta und Neele
Pötter

Überlasst euch nicht den Sorgen. Schadet euch nicht durch finsteres Grübeln. Hegt gute Gedanken. Achtet auf das Schöne im Leben. Pflegt durch Zufriedenheit und Zuversicht Herzensfreude. So wird euer Frohsinn nicht verkümmern.
Denkt daran:
Es ist der Frohsinn, der die Tage veredelt und das Leben verlängert.

Buch Sirach
Kapitel 30, Verse 21–22

Ohne Frohsinn verblassen die Farben des Lebens.

Inhaltsverzeichnis

Vorwort . . . 9
Gelehrt sind wir genug, aber 13
Wir sind froh 14
Die Geschichte vom Spiegeltempel . . . 16
Froh zu sein, bedarf es wenig . . . 17
Geduld bringt Rosen, Ungeduld Neurosen . . . 19
Frohmachende Anregungen . . . 22
Die Geschichte von dem Lobesblatt . . . 23
Lasst uns froh und munter sein . . . 25
Solang du in dir selber nicht zu Hause bist, bist du nirgendwo zu Haus . . . 30
Die Geschichte von Hans und Franz . . . 35
Wer schaffen will, muss fröhlich sein . . . 37
Häng dein Herz an etwas . . . 41
Die Geschichte vom Bauern Pachom . . . 47
Ein froher Mensch . . . 49
Lass nimmer dich mit Toren ein . . . 50
Die Geschichte von den fremden Schafen . . . 51
Die Geschichte von den drei Sieben . . . 54
Die Geschichte von der Kobra . . . 57
Gut-willig denken und froh-mütig handeln . . . 59
Der Kopf ist rund, damit das Denken die Richtung ändern kann . . . 62
Die Geschichte von den sieben Glocken . . . 65
Lichtblick – Frohsinn . . . 68
Licht machen, statt dicht machen . . . 69
Die sieben menschlichen Laster . . . 73
Achtung, Achtung . . . 77

Ich bin achtsam – und werde froh, wenn 82
Mensch ärgere dich nicht 84
Die Geschichte von den zwei Wölfen 90
Die Geschichte von des Bären Todesliste 92
Mit Humor geht alles besser 94
Ein gutes Vorbild 102
Das Lächeln 105
Die Früchte des Frohsinns 107
Es ist so leicht gelacht wie geschrien 108
Vom Ja und Nein 113
Selbstbejahung 119
Das Schattengedicht 122
Liebe, und dann tue, was du willst 128
Die Geschichte von Emil und Erich 130
Es gibt nur eine Macht auf Erden,
das ist die Macht der Liebe 135
Das Glück 137
Ein Leben ohne Frohsinn macht krank 138
Wo der Glaube ist,
da ist auch Frohsinn und Lachen 146
Bitte um einen Schutzengel 152
Was die Seele braucht 157
Erfrische Geist und Sinn 159

Vorwort

„Froh zu sein, bedarf es wenig ...“ Zu Otto Pötters Buch passt der Titel. Die meisten wissen, wie der Text weitergeht: „ ... und wer froh ist, ist ein König.“

Lebensfreude ist mehr als Spaß haben; es ist eine Kraftquelle, um gut durch die Stürme des Lebens zu kommen. Sie kann zu einem Königsweg für ein gelingendes Leben werden. „Ohne Frohmut werden wir zu Zynikern“, so lautet einer der ersten Sätze dieses Buches. Darin steckt viel Lebensweisheit. Nur: Woher nehmen wir ihn, den Mut, um froh zu sein?

Mit netten Witzen ist es nicht getan. Dagegen gibt der Autor gute, verlässliche und praktische Impulse, die uns von innen her stärken, um mit all dem „Alltagskram“ besser fertig zu werden. Denn es sind ja oft „nur“ die kleinen Nadelstiche des Alltags, die unsere Mundwinkel mal wieder nach unten ziehen und den ganzen Tag verätzen können. Wir drücken uns entlarvend präzise aus, wenn wir davon sprechen, „verdreht“ zu sein. Denn im wahrsten Sinne des Wortes ist unsere Sichtweise auf das Leben oft „verdreht“...

Sind wir verdreht, fehlt es uns an guten, ermutigenden Perspektiven, die wiederum mit guten Gedanken vernetzt sind. *Gut-williges* Denken bewirkt denn auch ein *froh-mütiges* Handeln. Hingegen, so Pötter: „ ... können wir nicht froh und munter sein, wenn wir uns mit Unsinn zustopfen.“ Wir brauchen dann immer mehr, um „gut drauf“ zu sein. Es ließe sich auch sagen: die Sinnleere braucht immer mehr Attraktionen, um das Leben erträglicher zu machen. Immer muss etwas los sein, sonst wird die innere Leere unerträglich. Und dann? Nichts.

Im Gegenteil. Die Leere wird nur umso größer je mehr man sich vollstopft.

Der logotherapeutische Ansatz, den Otto Pötter als Verhaltenstherapeut vertritt, ermöglicht einen Ausweg aus der Sinnleere in dem er – auf Augenhöhe, ja, oft auch mit einem netten Augenzwinkern – eine Sinnlehre anbietet, die neugierig macht und zu sinnvollen Verhaltensänderungen ermutigt. Der Autor schöpft aus der Logotherapie nach Viktor E. Frankl (1905–1997), wenn er sagt: „Solange ich nicht einsehe, dass Freude und Frohsinn im Grundwasser meines Lebens existent sind, bleibe ich ein verzweifelt Suchender; ähnlich einem Betrunkenen, der klimpert zwar mit seinem Hausschlüssel und weiß, dass er ein Zuhause hat, aber er weiß nicht mehr, wo er wohnt."

Otto Pötter ist bei uns im St. Bonifatiuskloster in Hünfeld seit Jahren als gefragter Referent zahlreicher Seminare ein gern gesehener Mentor. Viele Menschen in schwierigen Lebenssituationen oder in Umbruchphasen des Lebens haben an diesen Seminaren teilgenommen und sind zuversichtlicher, erfüllter, ja, lebensfroher in ihren Alltag zurückgekehrt. Die Seminar- oder besser gesagt, die Lebensthemen mögen noch so ernsthaft sein, es gibt keinen Seminartag, an dem nicht auch eine herzliche Heiterkeit spürbar ist. Wie das möglich ist?

Die einfache Formel hierfür lautet: *Ein starkes Wofür überwindet jedes Warum*! Das zieht, auch unter schwierigen Bedingungen, die Mundwinkel wieder nach oben. Gerade deshalb auch ist es uns als christlich-katholisches Kloster ein Auftrag, die therapeutische, d.h. heilende Dimension, unseres Glaubens möglichst vielen Menschen zugänglich zu machen.

Otto Pötters Ansatz korrespondiert in hervorragender Weise mit dem christlichen Menschenbild in Verbindung mit sinnzentrierten psychologischen Denkanstößen, die in ihrer verwandelnden Kraft denn auch „wunderbar“ zur erlösenden Botschaft des Jesus von Nazareth passen. Schön, wenn es am Schluss dieses Buches heißt: „Der Frohsinn ist ein Geschenk des Himmels, doch er kann nur in uns selbst gedeihen.“

Mit diesem Buch hat jeder, und nicht nur die Seminarteilnehmenden, konkrete Lebenshilfen zur Hand; zeitlos gute Impulse, die in ihrer verständlichen Sprache niemanden überfordern sondern liebevoll ermutigen. Suchenden mögen sie als eine Handreichung für ein gelingendes und heiles Leben dienen.

Wir wünschen eine weite Verbreitung dieses Buches!

Pater Martin Wolf OMI
Superior des St. Bonifatiusklosters Hünfeld

Gelehrt sind wir genug, aber ...

... uns fehlt mehr unbekümmertes Denken statt Wissen. Nicht raffinierte Spekulationen bringen uns weiter, sondern die Weite der Hoffnung. Was uns nottut ist mehr feste Zuversicht, statt Calculus und Zweifel. Nicht Geld, Macht, Einfluss oder Status bringen die ersehnte Erfüllung. Nein. Wonach wir schmachten ist der Frohsinn!

nach Curt Goetz (1888–1960)

Es ist verrückt! Warum streben wir mehr danach, Schmerz zu vermeiden, statt einfach mehr Frohsinn zu pflegen und Freude zu gewinnen?

Sigmund Freud (1856–1939)

Fantasie haben heißt nicht herumzusimulieren, sondern frohen Mutes das Beste aus den Gegebenheiten des Lebens zu machen.

Thomas Mann (1875–1955)

Frohe Herzen öffnen sich leicht und verstehen einander.

Adolf Kolping (1813–1865)

Um uns zu verstehen und froh zu sein, braucht es nur etwas Selbstüberwindung mit ein paar wenigen, einfachen Herzensworten.

Viele intellektuell komplizierte Worte hingegen braucht es, dass wir uns nicht verstehen; sie irritieren und polarisieren, so dass wir rechthaberisch und mürrisch miteinander umgehen.

Wir sind froh ...

... wenn etwas Belastendes vorbei ist.
... dass alles gut gegangen ist.
... wenn nicht weiter darüber geredet wird.
... dass wir uns gut verstehen.
... wenn einer auch mal was Gutes sagt.
... dass der Streit beendet ist.
... wenn wir wieder lachen können.
... dass jemand da ist, den wir gern haben.
... wenn es den Kindern oder Enkeln gut geht.
... dass die Sonne wieder scheint.
... wenn wir uns nicht verstellen müssen.
... dass endlich wieder Ruhe und Frieden ist.
... wenn wir uns angenommen fühlen.
... dass wir nicht aufgegeben haben.

Und so wünschen wir uns ...

... frohe Weihnachten (Ostern ...)
... ein frohes neues Jahr.
... frohen Mut zum Neubeginn.
... dass wir froh und heiter bleiben.

Froh sein, das hat immer mit uns selbst zu tun; Stärkendes statt Belastendes, Verbindendes statt Trennendes betonen; freundlich sein, sich und andere ermutigen. Statt Nein ein Ja.

„JA" auf...

1) Kurdisch 2) Finnisch 3) Litauisch 4) Latein 5) Burmesisch
6) Englisch 7) Persisch 8) Ungarisch 9) Thai 10) Bretonisch
11) Polnisch 12) Türkisch 13) Haitianisch 14) Estnisch 15) Suaheli
16) Tschechisch 17) Hebräisch 18) Armenisch 19) Baskisch
20) Russisch 21) Zulu 22) Aserbaidschanisch 23) Laotisch
24) Chinesisch 25) Albanisch 26) Spanisch 27) Tagalog
28) Französisch

Die Geschichte vom Spiegeltempel

Auf einem Berg in Indien gab es einen Tempel der tausend Spiegel. Eines Tages betrat ihn ein Hund. Er stieg die Stufen des Tempels hinauf und wunderte sich im Saal der tausend Spiegel, denn er sah sogleich tausend andere Hunde!

Er bekam Angst und wurde mürrisch. Sein Nackenfell sträubte sich, er zog den Schwanz ein, blickte ärgerlich und fletschte die Zähne. Und tausend Hunde blickten ärgerlich und fletschten bedrohlich die Zähne. Verwirrt und empört lief der Hund aus dem Tempel und war überzeugt: Die Welt ist voll mürrischer, knurrender Hunde.

Bald darauf kam ein anderer Hund und besuchte den Tempel der tausend Spiegel. Auch er betrat neugierig den Saal und wunderte sich, dass dort tausend andere Hunde zu sehen waren. Er freute sich, schaute freundlich um sich, lachte und wedelte mit dem Schwanz. Sogleich lachten und freuten sich mit ihm tausend andere Hunde. Dieser Hund strahlte Frohsinn aus, denn er war überzeugt: Die Welt ist voll fröhlicher Hunde!

Froh zu sein, bedarf es wenig, doch wer froh ist, ist ein König

Dieser, von August Mühling (1786–1847) verfasste Kanon zählt mit zu den bekanntesten deutschen Volksliedern. Der Text ist ebenso kurz wie einprägsam und verheißt

mehr Lebensfreude
durch die Überwindung der Begehrlichkeit.

Das besiegt Frustration und Widersinn und stärkt Zufriedenheit, Langmut und Frohsinn. Es ließe sich ebenso gut sagen:

Eines friedvollen Herzens froher Sinn,
das ist des Lebens größter Gewinn.

Doch statt mit Zuversicht auf Erbauendes im Leben zu achten, schreien uns die sensationslüsternen Schlagzeilen geradezu an. Jeder will in gefallsüchtiger Gewinnerpose mit blendendem Siegerlächeln der Erste sein. Überhaupt zählt nur das Außergewöhnliche. Das schlichte Gute findet kaum Beachtung; dafür mehr das Bizarre, Absurde, ja, das Böse, der Unfrieden, die Angst und das Scheitern.

Froh machende Ereignisse, Beglückendes, Ermutigendes, Stärkendes, all das kommt in den Medien nicht nur zu kurz, es findet nicht einmal die entsprechende Würdigung.

Im Gegenteil. Sarkastisch ist vom „Gutmenschen" die Rede, als sei das ein Makel; oder von einem „Heile-Welt-

Syndrom", als sei das therapiebedürftig. Ein Denkzwerg, der nicht gleich ein Haar in der Suppe findet.

Finessige Kritik in intellektueller Großmanier erreicht mehr Aufmerksamkeit als ein geduldiges Ertragen von Unzulänglichkeiten ohne Meckern, Motzen und Markieren.

Der blindwütige Heißsporn als heldenhafter Sieger findet mehr Beachtung als der weitsichtig Sanftmütige. In der Bibel aber ist im Buch der Sprichwörter (16,32) nachzulesen:

Besser ein Langmütiger
als ein Kriegsheld.

Ein Langmütiger ist „dennoch" guten Mutes, er lässt sich von den Unzulänglichkeiten des Lebens nicht unterkriegen; er hat lange Mut – und bewahrt sich gerade dadurch einen feinen Frohsinn. Nicht von ungefähr; denn:
Geduld bringt Rosen, Ungeduld Neurosen (Nossrat Peseschkian, 1933–2010).

Geduld bringt Rosen, Ungeduld Neurosen

Ohne Gelassenheit und Optimismus geht das nicht. Ohne frohen Mut werden wir zu Zynikern! Frohsinn braucht denn auch alles andere als den schnellen Kick, der *high* macht. Nein. Frohsinn lenkt den Sinn auf das Gute, das trägt. Da reicht in dunklen Lebensphasen schon die Sehnsucht. An Schönes und Gutes dennoch zu glauben, lässt Frohsinn gedeihen.

Wer *dennoch* an das Gute glaubt, blendet das Schlechte nicht aus, aber er kultiviert gerade deswegen seine Gesinnung. Er blickt über den Tellerrand hinaus – und entdeckt viel Wunderbares. Immer wieder blickt er auf das, was ist und findet Erstaunenswertes. Er weiß, überall sprudeln Quellen des Glücks, keimt Freude auf; überall kann Frohsinn gedeihen.

Unser schönes Volkslied besingt nicht den fixen Halodri. Nicht die schnelle Lust bzw. die Gier nach guter Laune ist gemeint. Man achte auf die Verben *sein* und *haben*. Wir *haben* gute Laune – können aber nur fröhlich *sein*.

Launige Zeitgenossen *haben* Spaß, also brauchen sie auch was, um Spaß zu haben. Sie sind entweder launige Spaßmacher, die man nicht unbedingt immer so gut ertragen kann, oder sie sind gerade gar nicht gut drauf, weil ihnen etwas fehlt, um gute Laune zu *haben*.

Der Frohsinnige aber ist, jeweils ganz präsent, dankbar und zufrieden mit dem was ist; daran kann er sich erfreuen, jederzeit.

Laune, steht also für das schnelle, flüchtige, wackelige Glück, während der *Frohsinn* für das beständige, widerstandsfähige, eben für das erfüllende Glück steht. Darum aufgepasst: Launig kann schnell launisch machen. Es leitet sich ab vom lateinischen Wort für Mond, *luna*. Wie dieser mal auf- und untergeht, zunimmt und abnimmt, so kommen und gehen die Launen als augenblickliche Gemütsstimmungen; eben mal so und mal so.

Froh aber, das geht wohl auf das mittelhochdeutsche *fra(w)o* zurück, in der Bedeutung von munter und lebendig. Würde man beide Begriffe philosophisch deuten, hat die Laune mehr mit Quantität und der Frohsinn mehr mit Qualität zu tun.

Es ist bezeichnend, dass oft schon so etwas wie ein Terror der guten Laune droht. *Happy-Rankings* überbieten sich mit Strahlemasken und lauter unsinnigem Allotria. Hauptsache immer gut drauf – und sei es auch nur mit einem verbissenen Lächeln. „Immer nur lächeln und immer vergnügt ... Doch wie‘s da drinnen aussieht, geht niemand was an.“ Oh je ...

Frohsinn versteht sich genau umgekehrt. Erst wenn Herz und Seele sich nicht verkrampfen, sieht‘s drinnen wirklich gut aus. Statt *Happy Hour* gibt das *beständig Power.*

„Von der Gleichmütigkeit“, schreibt Immanuel Kant (1724–1804), „unterscheidet sich die launische Sinnesart.“ Gleichmut aber setzt Glaubenskraft und Zuversicht voraus. Weil‘s innen ja schon gut aussieht, gibt das auch Mut und Kraft, auf etwas zuversichtlich hinzuwirken. Das andere wird sich schon zeigen ...

Gut hoffen und denken wird Gutes gut lenken.

Wie soll Gutes gefördert werden, wie sich Heilendes und Beglückendes entwickeln, wenn wir immerzu Kritteln, spitzfindig nach Fehlern suchen und meinen, es könnte alles noch besser sein. Wenn der Kopf voll ist von dem, was alles schlecht ist oder noch schlechter werden könnte, verfinstert sich unser Gemüt – und Unsinn erstickt den Frohsinn. Viel besser ist:

Ab und zu schau'n, ob genügend Licht ist. Auf Erhellendes und Gutes achten, was froh macht. Friedrich Rückert (1788–1866):

Ist der Tag auch nicht hell,
so sei du doch froh und heiter.

Das gelingt nur jenen, die dennoch die lichten Momente des Lebens zu würdigen wissen und sich so einen guten Glauben, Gottvertrauen, Frohsinn und Freude bewahren. Froh zu sein, bedarf es wenig; nichts an großem Aufwand, doch immer mal etwas an „innerer Inspektion" – dann lebt sich's wie ein König. Dazu möchte das Buch eine kleine Hilfe sein.

Frohmachende Anregungen

— *Einmal täglich einen Moment in den Spiegel schauen, sich dabei zulächeln oder ein Auge zudrücken.*
— *Weniger ausgeben, als man verdient.*
— *Liebe Menschen mit netten Kleinigkeiten überraschen.*
— *Jeden Tag drei Personen freundlich ansprechen.*
— *Menschen mit Namen anreden;*
— *Gesprächspartner aufmerksam anschauen.*
— *Entschuldigungen akzeptieren — nichts nachtragen.*
— *Mindestens drei gute Witze auf Lager haben.*
— *Beim Autofahren, Duschen oder Baden singen.*
— *Jährlich mindestens drei Sommersonnenaufgänge und Wintersonnenuntergänge still-staunend erleben.*
— *Einen wöchentlichen Waldspaziergang genießen.*
— *Sich einen Lieblingsbaum aussuchen und eine innere Beziehung zu ihm pflegen.*
— *Mit Pflanzen und Blumen sprechen.*
— *Großes im Kleinen entdecken.*
— *Einen Tag im Monat als Tag der Bejahung pflegen; alles Gegebene, so wie es ist, bejahen.*
— *Einmal täglich eine halbe Stunde Ruhe genießen, still sein, an Gutes denken, beten, meditieren.*
— *Schlechtes für sich behalten, Gutes weitererzählen.*
— *Mehr loben statt lästern.*

Die Geschichte von dem Lobesblatt

Diese Geschichte ist wahr. Eine Lehrerin bat eines Tages ihre Schüler, die Namen aller Klassenkameraden untereinander auf ein großes Blatt Papier zu schreiben und daneben ausreichend Platz zu lassen.

Dann sagte sie den Schülern, sie sollten überlegen, was das Netteste ist, das sie über jeden so sagen könnten – das sollten sie neben die Namen schreiben.

Es dauerte eine ganze Stunde, bis alle fertig waren. Und jeder, der fertig war, verließ den Klassenraum, ohne etwas zu sagen, nachdem er sein Blatt der Lehrerin übergeben hatte.

Tage darauf schrieb die fleißige Lehrerin in ihrem Arbeitszimmer jeden Schülernamen auf ein Blatt Papier und darunter all die netten Bemerkungen, die ihre Mitschüler über den Einzelnen aufgeschrieben hatten.

Endlich lag für jeden Schüler ein Lobesblatt bereit. Die Lobesblätter verteilte sie nun an die Schüler. Alle lächelten und freuten sich.

„Wirklich?", hörte man einige flüstern. „Ich wusste gar nicht, dass andere mich so mögen? – Toll!"

Niemand erwähnte danach wieder das Blatt. Doch die Übung war gut. Es fiel auf, dass die Schüler freundlicher miteinander umgingen.

Die Zeit verging. Neun Jahre später war ein Schüler durch einen Unfall gestorben und die Lehrerin ging mit zur Trauerfeier. Dort wurde sie von einer der Anwesenden angesprochen; es war die Mutter, die fragte: „Waren Sie nicht Phillips Deutschlehrerin?" Die Lehrerin nickte stumm. Da sagte die Mutter: „Phillip hat oft von Ihnen gesprochen. Kommen Sie doch einmal bei mir vorbei. Ich möchte Ihnen was zeigen."

Beim darauffolgenden Besuch zeigte die Mutter der Lehrerin ein Blatt Papier. Es war schon ziemlich abgegriffen. Die Lehrerin wusste sofort, dass dies das Lobesblatt von Philipp war. Die Mutter sagte: „Danke, dass Sie das seinerzeit gemacht haben. Phillip hat Sie sehr geschätzt. Oft hat er auf sein Lobesblatt geschaut. Nochmals herzlichen Dank."

Einige Zeit darauf wurde die Lehrerin zum Klassentreffen eingeladen. Da fragte sie, wer sich noch an die Zettelaktion erinnern könne. Alle konnten es. Viele hatten ihr Lobesblatt sogar noch bei sich. Die Lehrerin war gerührt und freute sich.

Welch großer Segen durch ein kleines Blatt.

Lasst uns froh und munter sein

Um froh und munter zu sein, bedarf es positiver Aufmerksamkeit und einer Aufgabe.

Wir müssen etwas tun, damit es uns gut geht. Ein gutes Beispiel dafür ist das Lebensmotto des Heiligen Don Bosco (1815–1888):

Fröhlich sein, Gutes tun –
und die Spatzen pfeifen lassen!

Ebenso gut könnten wir – nicht nur zu Nikolaus – öfter einfach mal fröhlich singen:

Lasst uns froh und munter sein
und uns recht von Herzen freu'n.
Lustig, lustig, traleralalala,
heiter leben woll'n wir immerdar,
froh und munter, das ist wunderbar!

Was, irreal ...? Zu seicht? Warum muss denn gleich alles so schwer und kraussinnig sein? Auch hier zeigt sich eine Grundeinstellung des Frohsinns: Nimm's leicht!

Wer nun doch ein wenig mehr Hochkultur schätzt, der ergötze sich an Mozarts (1756–1791) Zauberflöte und singe, *„stets lustig, heissa, hopsassa"*, mit dem Vogelhändler: *„Drum kann ich froh und lustig sein!"*

Nur dem Fröhlichen
blüht der Baum des Lebens

Ernst Moritz Arndt (1769–1860)

Ja, besonders auch Mozart vermittelt uns mit seiner zauberhaft leichten Musik die frohe Botschaft: „Froh zu sein, bedarf es wenig, doch wer froh ist, ist ein König."

Fröhlich sein, lustig sein, das heißt doch nicht, das Leben nicht ernst zu nehmen und auf alles zu pfeifen, was an Problemen und Konflikten einer Lösung bedarf.

Es geht nicht darum, sich konfliktscheu abzuwenden; es muss auch mal in aller Deutlichkeit Tacheles geredet werden. Doch dann muss es auch wieder gut sein. Überhaupt, *es gut sein lassen*, das macht ruhig und froh.

Wir sollten das, was wir anpacken, zuversichtlich, mit gutem Mut tun, also „froh und munter" bei der Sache sein. Das schützt vor Missmut, Groll, Bitterkeit und Resignation.

Froh zu sein, bedarf es wenig – und doch ... fällt uns der Frohsinn nicht einfach so in den Schoß. Nein. Wer aber über seinen Schatten springt, hat plötzlich die Sonne im Gesicht ... Theodor Fontane (1819–1898) schrieb so:

Kein Reiter wird das Glück erjagen.
Es ist nicht dort, es ist nicht hier.
Lern Überwinden, lern Entsagen –
und ungeahnt erscheint es dir.

Glück und Frohsinn nisten sich nicht von selbst in uns ein und bescheren uns „ein schönes Leben". Ohne das Richtige dafür zu tun, ja, ohne Selbstüberwindung, jagen wir, wie Fontanes Reiter, Phantomen hinterher.

Leider ist – gerade in der heutigen Zeit – die Ungeduld mit ein Grund dafür, dass viele Menschen vor lauter Hast nach dem Glück „rappelig" werden. Ein feinsinniges Gespür für Frohmachendes kann sich dabei nicht gut entwickeln und schon gar nicht stabilisieren.

Statt die Sinne mit dem zu füllen, was uns *jetzt* an Schönem gegeben ist (der Gesang eines Vogels, das Lächeln eines Kindes, eine prächtige Wolkenformation, Blütenduft, ein gutes Buch oder auch nur der sanfte Schein einer Kerze) lauern Verführungen zu lauter Unsinn. Das zeigen auch all die im Superlativ schwelgenden Unterhaltungsangebote, die mit vermeintlichen Glücksbringern winken, uns letztlich aber wenig Erfüllendes bescheren.

Im Gegenteil, wir werden nur noch unzufriedener. Warum? Wir schauen zu sehr nach außen, statt nach innen.

Nach innen? Das können die meisten kaum noch glauben. Was soll da denn sein? Fein beschrieben hat es Eugen Roth (1895–1976):

Ein Mensch missachtet die Befehle
des bessern Ich, der zarten Seele.
Bis die beschließt, gekränkt zu schwer:
Mit dem verkehre ich nicht mehr.
Statt froh und munter lebt sie nun
enttäuscht und stumm in ihm herum.

Wir können nicht „froh und munter sein“, wenn wir uns mit Unsinn zustopfen; meinen, erst etwas *haben* zu müssen, was uns froh macht. Je mehr wir dieser außenorientierten Sichtweise verfallen, treibt uns die Begehrlichkeit.

Wir brauchen immer mehr und verbrauchen haufenweise wahnwitzige Güter, um unsere Glücksgier befriedigen zu können. Hauptsache Spaß haben. Was wir wirklich brauchen, wissen viele schon gar nicht mehr.

Damit kein falscher Eindruck entsteht, hier schreibt keine spitzfindig neunmalkluge Spaßbremse; aber auch kein überjuxter Schiffschaukelanschubser, der im Jahrmarkttrubel trällert: „Ein bisschen Spaß muss sein!"

Meinetwegen. Warum nicht?

Aber gleich drei von diesen fünf Worten sind wahre Spaßbremsen: *„ein bisschen"* und *„müssen"*.

Ist denn nicht der zu bedauern, der unbedingt Spaß haben *muss*? Das kann doch nur Krampf werden. Und ein Armutszeugnis ist es, wenn es nur *„ein bisschen"* sein soll. Obendrein vielleicht gar noch nur so ein bestimmter Spaß unter bestimmten Bedingungen. Da ist der Frust am bisschen Spaß bereits vorprogrammiert.

Gar nicht gut ist auch das Verschieben von frohsinnigen Glücksgelegenheiten auf später. Das überdehnt den „Ernst des Lebens". Wer meint, er müsse sich Lebensfreude erst dadurch „erleisten", indem „vorher" immer erst noch dies und das getan werden muss, vertreibt den Frohsinn. Er legt ihn „erst" unter die scharfe Guillotine der Pflicht – und hackt davon erst einmal das Beste ab. Statt Frohsinn bleibt, ganz im Ernst, dann nur so ein gelegentliches Aufglucksen über faule Witze – und die Frage: „Das soll's gewesen sein?"

Nein. Solange ich nicht einsehe, dass Freude und Frohsinn im Grundwasser meines Lebens existent sind, bleibe ich ein verzweifelt Suchender; ähnlich einem Betrunkenen, der klimpert zwar mit seinem Hausschlüssel und weiß, dass er ein Zuhause hat, aber er weiß nicht mehr, wo er wohnt.

Solang du in dir selber nicht zu Hause bist, bist du nirgendwo zu Haus

Kann ich es mit mir selbst nicht auch nur ein Wochenende gut und gerne aushalten, zeigt mir das vernachlässigte Bedürfnisse und einen Mangel an Eigenliebe. Es ist ja kein Zufall, dass ich mir offensichtlich selbst im Wege stehe. Es gibt keine Zufälle, es fällt zu, was fällig ist. Darum lässt die verzweifelte Frage: „Was soll ich bloß machen?" im weiten Echo ein ungelebtes, (noch) nicht entfaltetes Charisma widerhallen. Das wäre fällig; denn:

Wenn ich nicht weiß, was ich mit mir anfangen soll, weiß ich auch nicht, wofür ich gut bin und was ich tun könnte. Und wenn ich das nicht weiß, kann ich weder froh sein noch froh werden.

Gleich „außer sich" zu sein bewirkt, dass sich unheilvolle Lebenssituationen noch mehr verknoten. Man weiß gar nicht mehr, was man tun soll. Statt nun vor sich selbst wegzulaufen, helfen drei zielführende Fragen:

Was kann ich? – Was habe ich? – Was möchte ich?

Echter Frohsinn setzt ein beherztes Tun voraus. Dabei steht nicht die Frage im Vordergrund: Was ist *für mich* gut?, sondern: *Wofür* bin ich gut?

Und das in Verbindung mit den 3 Fragen des Rabbi Hillel (lebte um Christi Geburt):

1. *Wenn ich es nicht tue,*
   wer soll es dann tun?
2. *Wenn ich es jetzt nicht tue,*
   wann soll ich es dann tun?
3. *Wenn ich es gar nicht tue,*
   wie fühle ich mich dann?

Die Umsetzung dieser motivierenden Fragen in sinnvolle Aktivitäten schützt davor, im wahrsten Sinne des Wortes „schnell aus dem Häuschen" zu sein.

„Hauptsache weg", das ist ja auch so ein gängiges Motto. „Mal" was anderes hören und sehen, warum nicht? Wer aber ständig „was anderes" *braucht*, um nicht durchzudrehen, dreht sich letztlich im Hamsterrad seiner eigenen belastenden Gedanken und Gefühle.

Der Titel eines Chansons von Peter Horton (* 1941) bringt es auf den Punkt:

Solang du in dir selber nicht zu Hause bist,
bist du nirgendwo zu Haus.

Und mehr noch:

Solange Leben bei dir nur in der Pause ist,
kommst du aus dem Kreislauf nicht heraus.
Man wird nicht müde, nach dem Glück zu suchen,
glaubt der Mammon sei's und jagt ihm nach.
Dabei nimmt jeder sich, so gut er kann,
das größte Stück vom Kuchen –
und liegt dennoch in langen Nächten traurig wach.

Erfüllung, Zufriedenheit, Glück und Frohsinn können so nicht gedeihen. Umso mehr werden wir – gehetzt und gestresst – zu unserem eigenen Einpeitscher, also: Frust statt Freude. Es ließe sich auch sagen: die Post, die wir aussenden, kommt als Irrläufer zurück ...

Solang du in dir selber nicht zu Hause bist,
bist du nirgendwo zu Haus.
Solange Leben bei dir nur in der Pause ist,
kommst du aus dem Kreislauf nicht heraus.

Und doch, schauen wir uns nur um: Kaum ein Tag, wo nicht irgendwo was los ist. Was sollen denn auch all jene machen, denen zu Hause die Decke auf den Kopf fällt?

Gerade jetzt, wo mal Pause ist, muss doch erst recht was los sein – und seien es auch nur die Bau- oder Flohmärkte.

Frusterlösung durch Schnäppchenjagd. Und wie sehen die Gesichter dabei aus? Etwa froh, gelöst, zufrieden?

Von wegen. Morgen beginnt ja auch schon wieder der Alltag. Aber so ist das: Solange Leben nur in der Pause ist, kommt man aus dem Kreislauf nicht heraus ...

Egal. Hauptsache „nicht zu Verstand kommen". Umso mehr ist man auf Trab. Was soll's. Man gönnt sich ja sonst nichts.

Auf die Frage, warum Unterhaltung schon so etwas wie Freizeitsport sei, antwortet die Sozialpädagogin Helga Schäferling vielsagend, „weil Geld ja auch bewegt werden will ..."

Just so wird genau das zum Unmöglichen (und oft mit einer weltfremden Genügsamkeit verwechselt), was eigentlich zutiefst ersehnt wird: unbeschwert, frohsinnig und heiter mit dem zufrieden zu sein, was ist.

Was dieser genügsamen, dafür aber gelassenen Freude widerspricht, das sind nicht nur zu hohe und zu viele Ansprüche an ein gutes Leben, sondern auch all die eigenwilligen Bedingungen an das Glück.

Zwar ködert uns die Unterhaltungsindustrie mit dem Mammon, doch wonach wir uns wirklich sehnen, das ist auch mit noch so viel Geld und Gut nicht zu „haben". Zum Frohsinn bedarf es wenig.

Frohsinn hat mit uns selbst zu tun, mit ...

... unserer geistigen Verfassung,
... unserem seelischen Feingefühl,
... unserem Temperament,
... unserer Fähigkeit zur Sinnenfreude,
... unserem Charisma und
... unserem Charakter.

Frohsinn hat auch zu tun mit ...

... den Jahreszeiten
und Wetterlagen unseres Lebens
... und nicht zuletzt auch
mit unserem Verhältnis zum lieben Gott.

Stecken darin nicht schon viele gute Anregungen und Aufgaben? Damit muss ich nicht weg ... Damit kann ich zuhause beginnen.

Bei sich beginnen, aber nicht bei sich enden.
Von sich ausgehen, aber nicht auf sich abzielen.
Sich selbst erfassen,
aber sich nicht nur mit sich selbst befassen.

Das empfiehlt Martin Buber (1878–1965), um wirklich froh und gut zu leben. Wer nur um sich selbst kreist, wird schwindelig und taumelt. Ähnlich schwankend ist er wohl auch immer auf Trab. Und doch:

Sich selbst gut sein und sich selbst auch etwas Gutes gönnen, ja, das ist gut und tut gut. Dazu gehört auch, sich für etwas Erreichtes selbst zu belohnen und sich immer mal wieder etwas Schönes zu gönnen.

Wer aber nicht genug bekommen kann, verliert sein Gespür für die wirklich wichtigen Bedürfnisse. Dann wird zur Glückssättigung immer mehr gebraucht – und das auch noch möglichst schnell. Es soll hier keine moralische Wertung erfolgen. Wer sich amüsieren will, soll das tun. Die Frage ist nur, ob das eine froh machende Grundstimmung ermöglicht. Denn was nützt es, wenn ich mich heute „wahnsinnig amüsiere" und morgen „in langen Nächten traurig wach" liege?

Froh zu sein, bedarf es wenig, das will befriedigende Antworten auf genau diese Fragen: Bist du mit dir selbst zufrieden? Wie definierst du Glück? Wonach sehnst du dich? Was willst du? Warum tust du das, was du tust? – Mensch, überprüfe deine Beweggründe!

Die Geschichte von Hans und Franz

Es begegnete dem jungen Burschen Franz einmal eine alte Frau. Sie trug einen schweren Korb voller Äpfel. Franz sah die leckeren Äpfel und bekam Heißhunger. Er dachte sich, die Frau schenkt dir bestimmt einen Apfel, wenn du ihr den Korb nach Hause trägst. Und so geschah es auch.

Franz trug der alten Frau den Korb voller Äpfel nach Hause und sie schenkte ihm einen schönen Apfel. Franz dachte sich: „Hat sich gelohnt. Das hab ich *gut gemacht.*" Seine Rechnung war aufgegangen: Hilfe für Apfel.

Am Tag darauf kam die alte Frau wieder mit einem vollen Apfelkorb des Weges. Da kam Hans daher und sah, wie sich die Alte mit dem schweren Korb abschleppte. Hans war Pfadfinder und handelte nach dem Motto: Jeden Tag eine gute Tat. Also bot er der alten Frau freudig seine Hilfe an. Auch er trug der alten Frau den Korb voller Äpfel nach Hause – doch dort vergaß die alte Frau, Hans einen Apfel zu schenken. Und wie reagierte Hans darauf? Er war weder enttäuscht noch ärgerlich. Er sagte sich: *„Gut, dass ich da war."*

Die Geschichte zeigt: Stimmen die Beweggründe nicht, werden wir weder froh noch zufrieden. Die Beweggründe beeinflussen unsere Grundmotivation – und die wiederum beeinflusst unsere Frustrationstoleranz.

Bei Franz ist sie sehr niedrig, bei Hans hingegen sehr hoch. Solange Franz bekommt, was er erwartet, ist er froh, ansonsten verstimmt.

Hans hingegen bleibt in jeder Beziehung gelassen und zufrieden. Er ist froh, das tun zu können, was ihm im Augenblick als sinnvoll und richtig gegeben erscheint.

So ist Franz oft *außer sich,* Hans hingegen bleibt *in sich* stabil. Solang du in dir selber nicht zuhause bist …

… bist du stets auf der Jagd nach etwas. Wie wäre es, sich lieber öfter mal selbst auszuhalten und nicht gleich davonzulaufen; sich existentiellen Fragen zu stellen und auf die drei Fragen des Rabbi Hillel ehrlich zu antworten. Also: Bei sich beginnen, aber nicht bei sich enden. Das schenkt ein königliches Gefühl. Warum? Es macht froh – und bringt uns zur Entfaltung. Statt Sorgenfalten zeigen sich mit der Zeit Lachfalten …

Wer schaffen will, muss fröhlich sein

Sich königlich zu fühlen, Menschenskind, ist das nicht zu viel des Guten? Zu schön, um wahr zu sein? Sieht die Wirklichkeit denn nicht ganz anders aus? Ja. Wir sollten uns und unseren Kindern nicht vorgaukeln, die Welt sei heil. Dem hielt Johannes Rau (1931–2006) aber entgegen: „Umso mehr sollten wir in ihnen die Zuversicht wecken, dass die Welt nicht unheilbar ist." Das ist die Antwort.

Schauen wir doch genauer hin. Wenn ein einziger Hund anfängt, seinen Schatten anzubellen, und gleich darauf alle anderen Hunde mitbellen, wird daraus zwar eine Wirklichkeit, das heißt aber noch lange nicht, dass das so sein muss. Auf uns bezogen heißt das:

Statt (einfach drauflos), immer gleich „mitzubellen", ist es hilfreicher, etwas achtsamer zu sein. Also: Warum bellst du überhaupt? Gibt es nichts Besseres zu tun, als nur herumzubellen? Was wartet auf Verbesserung?

Wer aber in seiner trüben Wirklichkeit verdreht die heillose Welt beklagt und fragt, „warum das Leben für ihn nicht auch mal schön sein kann", fragt ins dunstig Ungewisse.

Fragen, auf die von vornherein keine Antworten möglich sind, ziehen nur weiter nach unten. Das ist so wie mit dem Heulen der Wölfe. Das verdreht den Kopf ebenso wie Wissen, das nicht richtig verstanden und gar nicht erst praktiziert wird. Stammtischparolen und banale Fragen rühren im Unsinn. Das beschert nur Missmut und Angriffsdenken.

Besser ist es, „in die Gänge zu kommen", sich *jetzt* konkret einer Aufgabe zu stellen. Und schon sieht die Welt anders aus; frohgestimmt ziehen sich die Mundwinkel nach oben. Der Unterschied zwischen Murren und Lachen liegt im fröhlichen Schaffen (und auch in einigen Überstunden). Eines ist sicher: Frohsinn und Glück sind weder mit den wortgewaltigen Besserwissern, noch mit den Klagegeistern; sie sind mit den Tüchtigen.

Du wirst es nie zu Tücht'gem bringen
bei deines Grames Träumerei'n.
Mit Stöhnen wird dir nichts gelingen:
Wer schaffen will, muss fröhlich sein.

Wohl Keime wecken mag der Regen,
der in der Scholle niederbricht,
doch Frucht und reicher Erntesegen
reift prächtig erst im Sonnenlicht.

Theodor Fontane (1819–1898) will damit sagen, dass uns erst ein beherztes Tun Frohsinn und Freude schenkt. Hingegen ziehen wirre Hirngespinste die Mundwinkel ebenso nach unten wie mutloses Zetern und Zagen.

Wer zetert, wackelt –
wer zagt, der zappelt.

Egal was ist, ist denn die Welt nur ein Jammertal? Selbstverständlich sind Probleme ernst zu nehmen. Aber nur jammern und klagen und die Welt schlecht reden, führt zu depressiver Resignation und vergiftet unsere so kostbaren Lebenstage. Warum können Frohsinn und Freude nicht genauso zum Alltag gehören wie unsere Sorgen?

Warum einerseits hier die Alltagsrealität mit den unvermeidlichen Sorgen und andererseits dort, weit entfernt, Freude und Frohsinn? Kann denn nicht auch der rechte Umgang mit der Alltagsrealität Sinn und Zufriedenheit vermitteln? Dabei stellt sich die Frage:

Sind Frohsinn und Freude nur Sonntagstugenden? Wie gehe ich denn mit den Anforderungen des Alltags um? Was wäre das für ein armseliges Leben, wenn sich nur sonntags die Mundwinkel nach oben ziehen würden ...

Frohsinn und Freude sollten durchgängig zum Alltag gehören, wie alles andere auch, die Arbeit nicht ausgeschlossen. Dafür sind aber die richtigen Bedingungen zu schaffen. Das ist die erste Aufgabe. Statt dessen wird gestöhnt bis zur Resignation. Zetern, Zagen und Stöhnen aber widersprechen Fontanes Erkenntnis: „Wer schaffen will, muss fröhlich sein."

Nicht dass die Arbeit nicht auch Last wäre und sie uns nur das reine Glück bescherte. Wird die Belastung unerträglich, ist Veränderung geboten. Aber bitte nicht nur klagen.

Auch die Angst davor, Fehler zu machen, erstickt oft die Freude an der Arbeit. Wer was tut, mag manchmal auch irren. Wer aber aus Angst vor Fehlern nichts mehr tun mag, der irrt grundsätzlich. Oft wird auch vergessen, dass das, was mühelos zu erreichen ist, meist nicht der Mühe wert ist. Arbeit verlangt nun mal Schwung und Elan statt Wunschdenken.

Wenn du nicht hast, was du liebst,
so liebe das, was du hast.

Manch einem mag das zu idealistisch klingen, aber die Arbeit hat auch viel Sinnstiftendes, etwas was „dennoch" Freude macht.

Der Seniorchef eines erfolgreichen Handwerksbetriebes, mit achtzig Jahren nach wie vor „immer noch gerne mit dabei“, antwortete beim Firmenjubiläum auf die Frage nach dem Geheimrezept seines Erfolges:

„Glück allein macht‘s nicht. Man darf der Arbeit nicht aus dem Wege gehen. Mehr noch muss man mit ganzem Herzen dabei sein. Bloß nicht soviel stöhnen. Frohsinn ist das Schlüsselwort! Auch muss die Arbeit Hand in Hand gehen. Jeder muss sich auf den anderen verlassen können. Und wir alle können gleich einpacken, wenn wir nicht mehr miteinander lachen können. Fehlt der Frohsinn, werkelt jeder nur noch lustlos vor sich hin und schaut auf die Uhr, wann endlich Feierabend ist. So flieht der Erfolg durch die Hintertür. Also:

Tüchtig sein, nichts widerwillig tun. Probleme gibt‘s immer. Dann bloß nicht mauern oder maulen; statt dessen offen ansprechen, was nicht läuft. Und wenn‘s mal schwer wird, *strampeln statt stöhnen*! Das fördert den notwendigen Elan und es macht wieder Spaß.

Nur die Freude an der Arbeit garantiert Qualität und Erfolg. Ohne Frohsinn beim Schaffen geht‘s nicht!“

Froh machende Ziele stärken
sind Dünger fürs Schaffen und Werken.

Häng dein Herz an etwas

Die Arbeit ist nicht nur Mittel zur finanziellen Absicherung, sie dient nicht nur dem wirtschaftlichen und sozialen Status, sie ist besonders auch ein Heilmittel zur Stärkung und Stabilisierung unseres körperlichen und geistigseelischen Gleichgewichts. Arbeit ist aber nur dann ein Lebenselixier, wenn wir gerne etwas tun. Dann schenkt die Freude an der Arbeit Frohsinn – und just dieser Frohsinn ist ein täglicher Gesundbrunnen.

„Alles was uns nicht umbringt, macht uns stark." Gut so. Aber es darf keine Ausrede sein, versteckte Sehnsüchte zu kaschieren. Klar, dass wir uns auch mal durchbeißen müssen und dass nicht jede Arbeit immer nur Spaß machen kann. Dessen ungeachtet aber sehnt sich jeder nach einem sinnvollen Tun, etwas, das ihn von innen her stärkt und aufrichtet.

Hingegen bewirkt verbissenes Müssen oder widerborstiges Wollen das Gegenteil. Das macht starr, aber nicht stark; unfroh, aber nicht zufrieden. Denn von Anfang an lauert darin schon Lustlosigkeit und Erschöpfung.

Wo der Frohsinn fehlt, da arbeitet man letztlich umsonst, ja, da verzieht sich der Erfolg durch die Hintertür.

Nun mag auch manch rücksichtsloser Macher Erfolg haben, ob Verbissenheit und Rücksichtslosigkeit aber zufrieden und froh machen, das sei dahingestellt. Der Burnout spricht ebenso für sich wie die durch Stress und gnadenloses Erfolgsstreben verursachten Herz- und Kreislauferkrankungen. Dass es anders geht, zeigt die sinnorientierte Logotherapie nach Viktor E. Frankl (1905–1997).

Diese *Sinnlehre gegen die Sinnleere* betrachtet die Suche nach Sinn (*logos*) als die Hauptmotivation des Menschen überhaupt und versucht, die Grundmotivationen des Strebens stimmig zu gestalten. Zwar mag der Leistungsdruck oft zermürbend sein, umso wichtiger ist als Ausgleich ein schönes Hobby oder eine als sinnvoll empfundene Aufgabe in der Freizeit.

Eine „stimmige" Ausgewogenheit zwischen Pflicht und Freizeit stabilisiert die gute „Stimmung" im Leben Auf unseren Kanon bezogen, ließe sich sagen: Um froh zu sein, bedarf es eines Sinnempfindens! Die Logotherapie rät: *Häng dein Herz an etwas!* Frankl ermutigt dabei zu einem „Ja, das keiner Rechtfertigung bedarf". Das beflügelt, weckt die Lebensgeister und zieht die Mundwinkel nach oben. Hängt dein Herz an etwas, erfolgt der Erfolg von allein. Du bist und bleibst froh gestimmt, auch wenn es schwierig wird; denn:

Ein starkes Wofür überwindet jedes Warum

Ja, froh zu sein, bedarf es wenig, vorausgesetzt, Sinn und Herzblut schwingen mit. Ein starkes Wofür überwindet jedes Warum, das ist auch die Grundformel für das richtig verstandene positive Denken; denn „positiv" kommt aus dem lat. *positum*, es bedeutet „das Gegebene" und ist somit das genaue Gegenteil von unrealistischen Höhenflügen mit der rosaroten Brille. Dabei muss auch keiner „immer gut drauf sein". Nein.

Die richtige Formel des positiven Denkens beinhaltet vielmehr, sich dem Gegebenen des Lebens zu stellen; eine Aufgabe finden, die wichtig und sinnvoll erscheint und mit ganzem Herzen dabei sein. Oft ist es genau das, was als Sehnsucht bereits in uns schlummert. Es ist so:

Frohsinn verbirgt sich in guten, als sinnvoll empfundenen Tätigkeiten, er kann nicht abstrakt herbeigedacht werden.

Will man den Menschen näher charakterisieren, bezeichnet man ihn als *„homo faber"*, als Mensch, der was schafft, der etwas tut. Kehrt man die negative Seite dieser Charakterisierung heraus, wird vom „Macher" gesprochen.

Der Macher lebt gefährlich, denn am Ende bildet er sich ein, alles sei machbar – und vor allem *er* könne alles (besser) machen. Eine verquerte Stilblüte hierzu lautet: Das *‚macht‘* Sinn! Tatsächlich ist diese Bezeichnung „Unsinn", denn ohne dass ich etwas dazu tun muss, steckt Sinn (und damit zugleich auch der Frohsinn) in allem Gegebenen.

Sinn und Frohsinn sind Geschenke. Entweder wir nehmen uns Zeit, diese Geschenke achtsam wahrzunehmen oder sie entziehen sich uns durch Stress, verquerte Sichtweisen oder widersinnige Bedingungen. Indem das Herz an etwas hängt, fördert das einen ehrlicheren Umgang mit sich und anderen. Dann ist da für Unsinn, der *ver-dreht* macht, wenig Platz.

Sind wir aber von guten Gefühlen erfüllt, verwandelt sich das Leben. Wir brauchen dann, um froh zu sein, nicht einmal die Erfüllung (so schön sie auch wäre!), allein die Sehnsucht reicht oft schon. Sie hält und *„erhält"* uns. Auch wird vieles für uns *durchsichtiger*, transzendenter; der Horizont weitet sich und nimmt die Angst des Ungewissen. Hermann Hesse (1877–1962) sagte: „Damit das Mögliche entsteht, muss ich mich immer wieder auch auf das Unmögliche einlassen."

Das nimmt Ängsten und Sorgen ihre Dominanz. Viele kluge Menschen sehen viele Dinge und fragen: Warum?

Wir sollten öfter von Dingen träumen und uns eingestehen: Warum nicht? Dann ist zugleich auch immer das Herz beteiligt – und uns geht es gut.

Simulieren wir aber nur mit dem Kopf, züchten wir Probleme, die unsere Empfindungen eintrüben. Oder wir reden um den heißen Brei herum, ohne uns wirklich besser zu fühlen. Wir argumentieren mit Ausreden und erfinden Alibis. Das macht unruhig.

Immer ist das vielleicht nicht möglich, aber oft: Sagen wir doch einfach, wie es ist.

Drumherumgerede verwirrt.
Verwirrung bewirkt Hintergedanken.
Hintergedanken sind hindernde Gedanken.
Hindernde Gedanken verursachen Probleme.
Probleme bringen Ärger.
Ärger vergiftet Freude und Frohsinn.

Heinz Withake (*1941), über ein Vierteljahrhundert verantwortlich für die Schulseelsorge im Regierungbezirk Münster, stellt gleich im Titel seines Buches für mehr Klarheit und Aufrichtigkeit im Miteinander (dialogverlag Münster, 2014) die Frage: Sagst du, wie es wirklich ist?

Er meint, wenn wir wirklich sagen würden, wie es ist, wäre das, wie es so schön heißt, eine gute „vertrauensbildende Maßnahme". Uns ginge es besser. Wir kämen weiter und einander näher; wir wären weniger versucht, uns selbst und anderen etwas vorzumachen, „markieren" heißt das auch. Markieren verdreht die Wirklichkeit; blendet aus, wie es wirklich ist. Markieren überfordert.

Withake rät, darauf zu achten, erst mit sich selbst gut umzugehen, selbst froh und ausgeglichen zu sein; denn wer krampfhaft bemüht sei, sich selbst und anderen etwas vorzumachen, lebe gestresst. So könne niemand wirklich froh werden.

Widme ich mich aber mit ganzem Herzen einer schönen Aufgabe, komme ich erst gar nicht auf die Idee, von der Wirklichkeit abzulenken. Und gebe ich mein Bestes, muss ich nicht mit spitzfindigen Worten die Leistung anderer schmälern, um selbst auch ja der Beste zu sein. So rede ich nur wieder um meinen Minderwertigkeitskomplex herum; ich verdrehe die Wirklichkeit und sage nicht, wie es ist. Am Ende sind alle *verdreht* und nichts ist gut.

Nehmen wir nur die so groß in Mode gekommenen *Rankings*. Egal, ob es um „die besten und beliebtesten" Automobile, Filme oder Songs geht; weil nur die Quote zählt, sind Rankings gleich im Dutzend ruchbar geworden. Was soll der Unsinn? Wie soll man da noch wissen, was wirklich gut ist?

Wer sagt, wie es wirklich ist? Manipulationen, Schwindel und Fälschungen verdrehen und entstellen die Wirklichkeit. Wem geht es dadurch besser? Als ob nur Siege zählen würden ...

Dennoch werden wir mit verklausulierten Worthülsen überschüttet. Wer weiß da noch, was wirklich zählt? Wer sagt, wie es wirklich ist? Alles wird vor lauter Wichtigkeit künstlich aufgeblasen – und keiner hat für wirklich Wichtiges noch Zeit. Dass es anders geht, zeigte Adenauers Mittagsschlaf. Stehe er wieder auf, so *der Alte*, könnt's „munter weitergehen mit dem Welttheater." Wie locker!

Heinz Withake hofft denn auch auf die ganz normalen Menschen, die sich – nicht überdreht, nicht verdreht – locker und ehrlich dafür einsetzen, dass im ganzen Welttheater nicht eine irrige Weltsicht das Leben beschädigen kann. Wie? Indem wir öfter ehrlicher zeigen, woran unser Herz hängt. Das stärkt Frohsinn und Zufriedenheit. Es regt sich nämlich in uns allen ein inneres Feingefühl, etwas, das über uns selbst hinaus weist. Übergehen wir diese Sinnsensibilität, beschäftigen wir uns zu sehr mit uns selbst, das macht selbstsüchtig. Widmen wir uns aber ganz einer Herzensangelegenheit, so ruft diese uns zu:

„Nimm dich nicht so wichtig! Schiele nicht auf andere und renn blendenden Verlockungen nicht nach. Häng lieber dein Herz an etwas, was dich froh und glücklich macht.“

Die Geschichte vom Bauern Pachom

Von Leo Tolstoi (1828–1910)

Der Bauer Pachom kaufte ein Stück Land, um es sich gut gehen zu lassen. Nun hatte er keine Sorgen mehr und war stolz und glücklich. Doch nach einer gewissen Zeit wollte er doch gerne noch ein wenig mehr.

Da hörte er, dass es ostwärts, im Landesinneren, gutes Land für wenig Geld zu kaufen gab. Nachdem er dieses Gerücht überprüft hatte, veräußerte er seinen Besitz und siedelte um. Nun hatte Pachom keine Sorgen mehr, ja, er lebte jetzt zehnmal besser, als zuvor.

Doch eines Tages sagte ihm ein durchreisender Kaufmann, bei den Baschkiren, weiter noch im Osten, könne man auf einmalig billige Art und Weise gutes Steppenland erwerben. Er könne dort soviel Land sein eigen nennen, wie er an einem Tag, vom Aufgang bis zum Untergang der Sonne, zu Fuß umrunden könne.

Sofort machte sich Pachom mit seinem Knecht auf, um sich diese günstige Gelegenheit nicht entgehen zu lassen. Er wurde bei den Baschkiren auch freundlich aufgenommen. Gleich nun am nächsten Morgen machte sich Pachom in aller Herrgottsfrühe auf, um an diesem Tag eine möglichst große Landfläche zu umrunden. Oh ja, nun wollte er es endlich einmal allen zeigen. Da würden sie sich aber wundern. Nun könne keiner mehr mit Pachom gleichziehen.

Längst hatte Pachoms Knecht seinen Herrn aus den Augen verloren. Er wollte ihm noch nachrufen, er solle sich beim Hasten und Rennen nicht überfordern. Doch Pachom war für ihn schon nicht mehr zu erreichen.

Pachom lief und lief. Er überschätzte aber mit der Bemessung seines künftigen Besitzes seine Kräfte. Er wollte immer mehr Land umrunden und merkte, dass es nun höchste Zeit wurde, bei sinkender Sonne noch rechtzeitig zurückzukehren. Und er rannte umso mehr. Wie von Sinnen rannte er und rannte – und brach, am Ziel angekommen, tot zusammen.

Da nahm der Knecht die Hacke und scharrte Pachom in ein Grab, genauso abgemessen, dass Pachom hinein passte. Tolstoi nennt seine Geschichte: So viel Erde braucht der Mensch.

Warum denken wir nur immer an das,
was uns fehlt, statt an das,
was wir haben?

Arthur Schopenhauer (1788–1860)

Ein froher Mensch

Ein froher Mensch sucht gute Leute,
ein Griesgram läuft in schlechter Meute.

Ein froher Mensch lebt auf was hin,
ein Griesgram sieht in nichts recht Sinn.

Ein froher Mensch ist tüchtig,
ein Griesgram – vorteilssüchtig.

Ein froher Mensch weiß was er will,
ein Griesgram lebt: April, April.

Ein froher Mensch tut was ihn freut,
ein Griesgram, was ihn später reut.

Ein froher Mensch ist guter Dinge,
ein Griesgram meint, dass man ihn zwinge.

Ein froher Mensch ist kreativ,
ein Griesgram denkt nur negativ.

Ein froher Mensch sucht gute Leute,
ein Griesgram läuft in schlechter Meute.

Otto Pötter

Lass nimmer dich mit Toren ein

So lehrt nicht nur Buddha (in einer der 423 Verse im Dhammapada). Ähnlich lautet auch bei uns schon seit jeher eine alte Volksweisheit: „Sage mir, mit wem du umgehst, und ich sage dir, wer du bist." Oder endend: „... ob du deines Lebens froh wirst oder nicht."

Akzeptanz ja, aber weder im Sinne einer gedankenlosen Zustimmung, noch in Form eines wahllosen Umgangs. Wer ungebührliches Verhalten duldet oder zu lieblosen Verhaltensweisen schweigt oder sie forciert, der macht sich mitschuldig an Misere und Unglück. Denn:

Wer mit Toren und Unholden Nachsicht übt,
wird ihr Komplize.
Falsches Verständnis wird zum Verhängnis.

Es gibt etwas, das ist nicht diskutierbar: Selbstgerechtigkeit, Intoleranz und/oder martialisches Alles-oder-Nichts bzw. Entweder-oder-Denken. Wer das *Sowohl-als-auch* missachtet oder gar bekämpft, fördert Unheil und wird zum Kriegstreiber.

Die Geschichte von den fremden Schafen

Es war einmal eine Schafherde. Alle Schafe hatten blaue Augen und ein weiß gelocktes Fell. Eines Tages holte der Hirte zwei Schafe aus der Herde heraus und nahm sie mit auf eine Reise.

Als er zurück kam, brachte er zwei andere Schafe mit. Diese hatten braune Augen und schwarz gelocktes Fell. Das brachte Unruhe in die Schafherde. „Also nein, die sehen aber komisch aus", blökte ein Schaf. „Da hast du recht", nickte ein anderes, „was für ein schmutziges Fell die haben." „Igittegitt!" rief ein anderes Schaf, „verlieren die mal ein paar Haare, kriegen wir die beim Fressen ja auch noch zu schlucken ..." „Pfui! Wartet ab, die machen uns alle noch krank!" rief zornig ein Schafbock, „wahrscheinlich fressen sie uns nachts auch noch das Futter weg. Sie sind ja im Dunkeln mit ihrem schwarzen Fell gar nicht zu erkennen." „Genau!" tönte es aus der Herde, „anständige Schafe sehen anders aus! Die haben hier nichts zu suchen!" Und sogleich wurden die schwarzen Schafe herumgeschubst, verletzt und blindlings attackiert.

Stellt sich bei dieser Geschichte nicht unwillkürlich die Frage: „Was geht eigentlich in den Köpfen der weißen Schafe vor?" Nichts als Aufregung, Angst und Sorge. Alle blöken mit im Refrain: „Die wollen uns was!"

Kommt denn nicht ein Schaf auf die Idee, dass ja auch zwei Schafe aus der eigenen Sippe woanders unter den schwarzen Schafen leben? Und wie geht es ihren Mitschafen da nun wohl?

Ja, so ist das: Wer zu rassistischem Geschwätz schweigt, grenzt aus und wird mitschuldig am Leid anderer. Wer vor Dummheit die Augen schließt wird selbst zum Tor.

Gruppenharmonie hört da auf, wo sie das Wohlergehen anderer beschädigt. Wenn ein Schaf das andere verletzt, wird das bei einem guten Hirten nicht ohne Konsequenzen bleiben – egal ob es ein schwarzes oder ein weißes Schaf ist!

Ein Zeichen der Torheit ist es, nicht nur auf einem Auge blind zu sein, sondern, selbst wenn es möglich wäre, damit erst gar nicht sehen zu wollen! Das sät Unfrieden.

Gerade dann würde auch eine falsch verstandene Toleranz wieder zum Tohuwabohu führen. Denn: Freiheit ist keine willkürliche Auswahl an Handlungen, sie ist eine verantwortungsbewusste Auswahl an Haltungen!

Haben wir das Gefühl, eine Handlung ist aus einer guten Haltung erwachsen, so fördert das ein gutes Miteinander. Das macht freier als eine falsch verstandene Toleranz.

Toleranz heißt nicht grenzenloses Verständnis,
sondern Verständnis für Grenzen.

Wer Grenzen aber nicht zu wahren weiß oder sich gar gehen lässt, kann nicht obendrein auch noch Toleranz einfordern. Solche Rüpel beachten ja nur sich selbst.

Wer sich gehen lässt, der tritt denn auch den Frohsinn mit Füßen. Er verursacht eine belastende Atmosphäre mit bedrückender Stimmung. Darum auch sind gutes Benehmen und eine gesunde Portion Disziplin die besten Zutaten des Frohsinns.

Protest kommt von nicht wenigen, die mit dem Gegenargument einer eingeschränkten Selbstverwirklichung reagieren. Doch da gibt es noch ein gewichtiges Gegenargument: Selbstverwirklichung ja, aber nicht auf Kosten anderer.

Zeichen einer zerknitterten Selbstentfaltung ist es, dass sie Rücksichtslosigkeit für sich geltend macht. So zerfleddert die Freiheit; dafür entstehen stressige, oft ausweglose Situationen.

Wer meint, er könne tun und lassen was er wolle, der irrt nicht nur, er verfällt seinem eigenen *Irr-sinn*. Man hüte sich also davor, mit Flegeln auch noch zu singen. Sie singen ja selbst schon dreistimmig: falsch, laut und wie von Sinnen ...

Zumindest falsch singen auch jene, die Schlechtes statt Gutes über andere verbreiten. Sie wollen ja nicht informieren sondern nur intrigieren. Lass dich nicht mit ihnen ein. Auch das macht nur friedlos statt froh.

All das zeigt:

Froh sein können, hat mit Können zu tun – und zwar mit Sensibilität für ein richtig gutes Können. Dazu gehört nicht zuletzt auch das richtige Empfinden dafür, den Mund aufzumachen oder den Mund zu halten.

Von Sokrates (469–399 v. Chr.) ist viel Gutes für das gedeihliche Zusammenleben überliefert, so auch die folgende Geschichte von den drei Sieben.

Die Geschichte von den drei Sieben

Eines Tages kommt ein aufgeregter Mann zu Sokrates. Offensichtlich sensationslüstern wollte der ihm sogleich etwas anvertrauen und sagte: „Höre, Sokrates, ich muss dir unbedingt etwas erzählen. Es ist fast nicht zu glauben, aber ...“ „Halt“, erhob Sokrates seine Hand gegen den Schwätzer und fragte ihn, ob er das, was er ihm sagen wolle, auch durch drei Siebe gesiebt habe.

„Drei Siebe?“, fragte der Mann ihn erstaunt, „was denn für drei Siebe?“ Es seien die drei Siebe der Selbstachtung und des Frohsinns, meinte Sokrates. Wer sie nutze, erspare sich viel Ärger und könne unbeschwert und froh leben. Er wolle sie ihm gern erklären.

„Das erste Sieb ist das Sieb der Wahrheit“, sagte der Weise, „hast du das, was du mir erzählen willst, geprüft, ob es auch wahr ist?“

„Nein“, erklärte der Zungendrescher nun schon etwas kleinlauter, denn andere hätten es ihm hinter vorgehaltener Hand erzählt.

„Aha“, antwortete Sokrates und fragte, ob er es denn wenigstens mit dem zweiten Sieb geprüft habe, dem Sieb der Güte.

Da stelle sich nun die Frage, ob das, was er ihm erzählen wolle, auch gut sei. „Nein“, schüttelte der Mann seinen Kopf, es wäre genau das Gegenteil, „aber ...“

„Kein Aber“, unterbrach ihn Sokrates, „rede erst gar nicht weiter. Kommen wir statt dessen lieber zum dritten Sieb. Da stellt sich die Frage, ob es überhaupt nötig ist, dass du mir es erzählst.“

„Nun“, stammelte der Gefragte jetzt kleinmütig, „notwendig ist es gerade nicht ... und ... ehrlich gesagt, schön ... ist es auch nicht.“

Da lächelte der weise Sokrates und sagte: „Dann erzähl es mir erst gar nicht; denn es vergiftet nur ein gedeihliches Miteinander und damit auch zugleich den eigenen Frohsinn.“

Und er fragte, warum er sich etwas anhören solle, was weder wahr, noch gut und schon gar nicht nötig sei? Da sei es doch wohl weitaus besser, über das zu reden, was wirklich gut und froh machend das Leben bereichere.

Fazit:

Was recht und wahrlich du nicht weiß,
das gebe öffentlich nicht preis!

Ob Jesus, Buddha oder Sokrates, egal, alle Weisen der Weltgeschichte warnen:

Wer sich mit Toren abgibt,
darf sich über Verdruss und Ärger nicht beklagen.

Im biblischen Weisheitsbuch der Sprüche (Spr 14,8 ff; 27,3) heißt es u.a.:

Schwer ist der Stein, eine Last der Sand;
schwerer aber als beide ist der Ärger mit dem Toren.

Nein, und das sei noch einmal gesagt, das widerspricht nicht der vielgepriesenen Toleranz. Vielmehr ist es so wie beim Recht. Schon Cicero (106–43 v. Chr.) wusste es: Recht auf die Spitze getrieben, wird zum Unrecht. Entsprechend bedeutet Toleranz: Achtung durch Selbstachtung.

Toleranz achtet die Farben des Lebens, aber nicht die Schmierfinken, die sie verwischen! Falsch verstanden ist es mit der Toleranz wie mit falsch verstandener Selbstlosigkeit. Wer nur noch selbstlos ist, ist auch sein Selbst los. André Gide (1869–1951) sagt es so:

Besser ist es, für das, was man ist, abgelehnt,
als für das, was man nicht ist, geliebt zu werden.

Everybody's Darling is everybody's Depp.

Die Geschichte von der Kobra

Auf einem Weg, der zum Tempel führte, lebte eine attraktive Kobra. Sie ärgerte sich über die vielen Menschen, die sie nicht in Ruhe ließen und sie oft gar mit Stock und Stein drangsalierten. Endlich nun wusste sie sich nicht anders mehr zu wehren, als zurückzubeißen.

Als sich diese Vorfälle häuften, wurden die Menschen noch aggressiver; andere wiederum weigerten sich, den Tempel überhaupt noch zu betreten.

Der Swami, der Meister des Tempels und ein weiser Mann war, ging nun zur Schlange und unterwarf sie seinem Willen mit einem Mantra.

Dann sagte er der Kobra, dass es Unrecht sei, Menschen zu beißen, die zum Gebet in den Tempel wollten. Er verlangte von ihr, das nie wieder zu tun.

Folgsam hielt sich die Schlange an die Vorgaben ihres Meisters.

Bald aber geschah es, dass die einst so attraktive Kobra apathisch im Sande lag.

Sie wurde ihres Lebens nicht mehr froh und wurde statt dessen immer trübsinniger.

Und was geschah?

Nun fingen die Menschen gar an, sie wegen ihrer Zurückhaltung zu verhöhnen. Umso mehr drangsalierten sie die Kobra mit Stock und Stein. Selbst Dorfkinder zogen sie am Schwanz herum und schleiften sie lachend durch den Sand.

Als der Swami eines Tages wieder vorbei kam, kroch die Kobra elendig auf ihm zu. Entsetzt rief er aus: „Was ist los mit dir, du blutest ja sogar!“

Die Schlange war den Tränen nahe und platzte heraus, dass sie umso mehr misshandelt worden sei, seitdem sie ihm das Versprechen der Zurückhaltung gegeben habe.

Da sprach der Swami zu ihr: „Ich habe dir gesagt, dass du nicht beißen sollst. Aber ich habe nicht gesagt, dass du nicht zischen darfst. Merke dir: unterwerfende Zurückhaltung: Nein. Kluge Abwehr: Ja."

Gute Sprüche, weise Lehren,
muss klug man üben, nicht nur hören.

Truman Capote (1924–1984) formulierte es treffend: „Der Jammer bei uns Menschen ist, dass oft die Klugen feige, die Tapferen dumm und die Fähigen ungeduldig sind. Das Ideal wäre der tapfere Kluge mit der nötigen Geduld."

Ja, schön wär's ... Aber wer sagt denn, dass es nicht jeder wenigstens versuchen könnte. Dann ginge es uns allen besser. Wohl genau deshalb ist die Klugheit auch die erste Kardinaltugend. Klugheit setzt ein gut-williges Denken voraus und drängt immer zu einem beherzten Tun.

Gut-willig denken und froh-mütig handeln

Froh sein mit anderen Menschen belebt den Geist und weckt Kreativität. Doch ebenso wichtig sind auch Zeiten der Stille, um mit sich selbst froh sein zu können. Das wiederum besänftigt den unsteten Geist und schafft Weite für vorausschauende Intuitionen.

Gutes Denken entfaltet sich durch die Ruhe und Klarheit des Geistes. Die Achtsamkeit auf Stärkendes belebt und fördert ein *„gut-williges"* Denken. Denn:

Denken ist nicht gleich Denken. Gutes, ja, *„gut-williges"* Denken ist bewusstes Werten.

Was uns permanent so alles durch den Kopf rauscht, das ist kein Denken, das ist wie ein Vogelschwarm, der (mal mehr, mal weniger) in Scharen, sirrend und kreischend, plötzlich heranrauscht und wieder verschwindet. Eine passende Parabel hierzu lautet:

Ich kann den schwarzen Raben
das Gekrächze über meinem Kopf nicht verbieten,
aber ich kann verhindern,
dass sie in meinen Haaren Nester bauen.

Das setzt ein Tun voraus. Denken ohne Handeln irritiert und macht nur verdrießlich. Es macht „einen dicken Kopf" – aber nicht froh. Vielen ergeht es dabei wie Wakkelpeter, der da bange fragt und klagt: „Ach, ich weiß auch nicht, was ich wollen soll."

Dann braucht sich auch niemand wundern, wenn ihn das rabenschwarze Gedankengekrächze noch in den *Wahn-sinn* treibt.

Gutes Denken hingegen beginnt mit einer selektiven, wertenden Wahrnehmung, die dann aber auch gutwillig zu frohmütigem Handeln drängt. *Ich* muss das wollen – und nicht andere für mich. Ich kann mich beraten lassen, wenn ich aber erst gar keine konkrete Meinung habe, bleibe ich wie Wackelpeter hilflos und zweifelnd. Denken verlangt nach gründlicher Abwägung ein *Ja oder Nein.*

Häufig sind es ja nur simple Begebenheiten, die uns um den Verstand bringen. Wer hat beispielsweise auf den Verkehrsstau Einfluss? Ob er uns *„ver-dreht"* macht oder nicht, am Verkehrsstau ändert das nichts. Wir könnten ebenso gut auch „froh" sein, nun endlich mal zu einer Pause abbiegen zu können, um uns bei einem leckeren Eis die Beine zu vertreten.

Wäre es folgerichtig nicht Unsinn, den Unmut auf ominöse Ereignisse oder „die anderen" abzuwälzen? Käme denn, auch wenn es mich danach verlangte, etwa flugs sogleich der Verkehrsminister, um sich von den Gestauten ausschimpfen oder dreist belehren zu lassen? Selbstverständlich verursacht ein Stau nicht den puren Frohsinn. Aber ich kann mich darauf einstellen und das Beste daraus machen! Also:

„Ich rege mich nicht mehr über etwas auf, was ich ohnehin nicht ändern kann. Lieber denke ich an das, was ich statt dessen nun besser tun könnte."

Das fördert kreative Lösungen und regt an zu sinnvollen Handlungen. Das gibt Schwung und frohen Mut. Und die Mundwinkel gehen wieder nach oben.

Ermutigendes Denken löst den Tunnelblick und gibt den Blick frei, hin zu mehr. Es befreit aus klagenden Opferrollen und drängt hinein ins bunte Leben! Initiativen machen lebendig. Da kommt Freude auf. Frankl nennt das die „Trutzmacht des Geistes", das heißt:

Frohsinn und gelingendes Leben
hängen nicht ab von den Bedingungen, die wir antreffen,
sondern von den situationsgerechten Entscheidungen,
die wir selber treffen.

Beim Denken „geht's rund" im Kopf.
Gut so, schöner als wenn es „hakt"...

Der Kopf ist rund, damit das Denken die Richtung ändern kann

Entscheidungen scheiden Lebensplanungen. Oft werden sie blockiert durch „Ansichten", die wie rechtliche oder moralische Fenster sind – und sich oft nur schwer öffnen lassen. Das Empfinden, man könne es „so und so" sehen, regt zu mehr Klarsicht an. Damit soll nicht der Willkür Tür und Tor geöffnet werden, wohl aber der Möglichkeit, vielleicht mal wieder „die Fenster zu putzen". Oft sieht dann vieles schon ganz anders aus.

„Fenster putzen", das steht für veränderte Betrachtungsweisen im Licht der Zeit; ohne Scheuklappen etwas neu zu überdenken. Die zentrale Frage lautet: Dient das dem Leben? Bringt es uns weiter. Ist es ein *Fort-schritt*?

Fragen wir uns ruhig öfter einmal, ob so manche Ansichten und Ausdrucksweisen noch zu unserem Lebensstil passen? „Hakt es" beispielsweise nicht bei der unsinnigen Aufforderung, „sich schämen" zu müssen? Etwas feinsinniger gedacht, könnte man das ebenso gut auch würdiger sagen. Und welche trübsinnigen Gefühle mag in einem Kind wohl allein das Wörtchen „unartig" auslösen? Entsprechend werfen viele (oft gedankenlos dahergesagte) Wörter dunkle Schatten auf unsere Seelen - und machen trübsinnig statt frohsinnig.

Man muss ja nicht gleich etwas dem Zeitgeist opfern (bildlich besehen also das ganze Haus abreißen). Es geht darum, Werte im Licht der Zeit neu zu *be-werten*. Das ermöglicht neue „An- und Einsichten". Denken wir nur an politische Systeme, Umweltschutz, Sexualmoral, das Verhältnis der Geschlechter zueinander, Rassen- oder Generationenkonflikte usw.

Leben bedeutet Wandel. Da bringen uns Murren und Maulen nicht weiter. Nur wer frohgemut neue Wege zu gehen bereit ist, ist auch in der Lage, alte Pfade zu verlassen.

Ja, Moral und Tradition sollen dem Leben dienen, sie sollen aber keine Bremsklötze sein. Sie werten zwar, sind aber – im Gegensatz zu Sitte und Anstand – keine Werte in sich, sondern *Be*wertungsmaßstäbe. Dabei kommt es darauf an, „die Umstände des Lebens“ in ihrer zeitgeschichtlichen Entwicklungsdynamik zu sehen und zu beurteilen. Entweder zeigen sich förderliche Inspirationen oder behindernde Blockaden. Entsprechend sind wir entweder Handelnde oder Unterlegene, Optimisten oder Pessimisten, Pioniere oder Opfer.

Das beeinflusst unsere Persönlichkeit (lat. *personare*, durchscheinen, widerhallen) und färbt ab auf unser Verhalten. Im Selbstbild spiegelt sich unser Weltbild.

Ein Gewinner denkt und handelt auch wie ein Gewinner. Wer sich hingegen als Verlierer sieht, wird nie als Gewinner enden. Es sei denn, er entscheidet sich für eine andere Sichtweise und ändert die Richtung seines Denkens. Das weitet den Blick, gibt neuen Mut und macht froh. Drei Fragen sind klärend und hilfreich:

1. Entspricht der Gedanke den Tatsachen?
2. Hilft mir der Gedanke? – Wenn nicht:
3. Durch welch besseren Gedanken kann ich ihn ersetzen?

Ohne flexibles Denken ersticken Mut und Zuversicht. Wie sollen da Freude und Begeisterung aufkommen? Frohmütig zu denken und zu handeln, das heißt, frohen Mutes voranzuschreiten. Die Logotherapie ermutigt:

Wenn du eine Situation nicht ändern kannst,
ist das ein Aufruf, dich selbst zu ändern!

Das setzt Verantwortungsbereitschaft voraus. Verantwortung heißt: Sinnvolle Antworten geben auf die mir gegebenen Lebensumstände.

Antworten entspringen Einstellungen. Und Einstellungen sind das Ergebnis oft wiederholter Gedanken; sie erzeugen in uns Bilder = *Vor-stellungen* (vom Leben und „den andern"). Das sind die Bausteine unserer Bewertungskriterien. Sie beeinflussen unmittelbar unsere Gefühle und springen sogleich auf Gestik, Sprache und Handeln über.

Gedanken und Emotionen prägen den Habitus und somit unsere Persönlichkeit (Ausstrahlung). Gedanken sind Kräfte, geistige Energien, die uns entweder stabilisieren oder deformieren.

Belastende Gedanken blockieren Freude, Schwung und Elan; sie ersticken den Frohsinn.

Froh sein können setzt voraus, gedanklich nicht zu schludern!

Je mehr wir uns um gute *Ein-sichten* bemühen, umso mehr verändern sich auch unsere *An-sichten,* umso klarer sehen wir. Es ist ein Denken, das zwar urteilt, nicht aber sogleich verurteilt.

Das macht *gutwillig,* weitherzig, ja, *liebenswürdig.* So vervielfachen sich die guten Energien, die heilen statt kränken und verwandeln statt blockieren. Da ist dann für *ver-drehtes,* bissiges und rechthaberisches Denken kein Platz mehr, denn das führt nur zu noch mehr Fehlerbezogenheit.

Die Geschichte von den sieben Glocken

Ein Gastwirt eröffnete ein Gasthaus. Er richtete alles gut her, doch es kamen nicht genug Gäste. Die Geschäftsaufgabe drohte. In seiner Not suchte der Gastwirt eine weise alte Frau auf. Mit ihr besprach er seine hoffnungslose Lage. Da meinte die Weise, er solle doch sein Gasthaus umbenennen in: *Das Haus der sieben Glocken* – aber ... oben an der Eingangstür sollten nur sechs Glokken hängen. Das verstand der Gastwirt nicht. Er fragte verwundert: „Warum das denn?" „Ganz einfach", antwortete die weise Frau, „weil dann viele Gäste kommen werden. Sie schauen sich interessiert das Schild über der Tür an und werden dann feststellen, dass da nur sechs Glocken hängen. Also werden sie sogleich eintreten, um auf diesen Fehler aufmerksam zu machen." Aber ... einmal in der Gaststube, würden sie dort dann auch gleich etwas essen und trinken. Die Zweifel des Gastwirts wehrte die weise Frau ab und sagte: „Nichts kann dumme Menschen so erfreuen, als wenn sie die Fehler anderer aufzeigen können."

❧

Genau diese Fehlerbezogenheit ist ein weit verbreitetes Übel unserer Zeit. Lauter „kritische Betrachtungen". Dieses hippelige Gekrittel zerkratzt den Blick für wirklich Wichtiges, Schönes und Gutes. Frohsinnige Menschen sind nicht kritiklos, aber sie vermeiden diesen überkritischen Blick, der alles und jenes gleich mit Mäkeln überzieht.

Frohsinnige Menschen sind kreativ; bei Missliebigkeiten können sie auch ein Auge zudrücken. Sie denken nicht ausgrenzend und blähen sich selbst nicht auf. Sie „verschrecklichen“ Schweres nicht. Frohsinnige Menschen zeichnen sich aus durch eine zuversichtliche Offenheit; sie klammern nicht ängstlich, sondern haben einen weiten Blick.

Der Kommunikationstrainer Bernd Thye beschreibt das in einer schönen Metapher so: „Die Welt lernst du nicht in einem Hafen kennen. Sie liegt vielmehr zwischen den vielen Häfen, die du anlaufen sollst. Also, worauf wartest du? Mach frohgemut die Leinen los!“ Frohsinnige Menschen schippern nicht einfach drauflos, nein, sie haben eine ausgeprägte Zielklarheit. Das lässt sie Grenzen überwinden, das stärkt ihre „Sinne für mehr“, ermutigt zu sinnvollen Veränderungen und verhindert resignierte Aussagen wie: „Da kann man ja doch nichts machen.“ *Froh-sinnige* Menschen gehen bewusst auf Distanz zu dem sich gleich von vornherein aufdrängenden *Schwach-sinn.*

Selbstverständlich brauchen Entwicklungen auch kritische Hinterfragungen. Nicht immer ist es möglich, das Richtige zu tun und es dann auch noch zur Zufriedenheit aller zu tun. Ebenso garantiert gutes Denken kein keimfreies Leben. Es bezwingt aber das Bejammern aller möglichen Risiken, was verhindert, jetzt, in dieser Situation, das Notwendige ohne Zetern und Zagen zu tun.

Bleibt es nur beim Lamento, nehmen die gefährlichen „Keime“ überhand; sie vergiften das Leben; sie schwächen durch „Schwachsinn“ und fördern das Lästern statt Lasten zu überwinden.

Ja, das erfordert Selbstüberwindung. Es bewirkt aber frohen Mut statt Missmut und verscheucht die dünkelhafte Fehlerbezogenheit. Achten wir darauf: Was uns gerade herausfordert, erfordert keinen großen Mund, es erfordert Mut.

Mut, etwas anzupacken, wovor man Angst hat oder sich lieber drücken möchte.

Mut, das zu tun, was man nicht gerne tut.

Mut, sich nicht von möglichen Niederlagen erschrekken zu lassen.

Mut zum Widerspruch und dann vielleicht das zu tun, was nicht jeder tut.

Mut, den ersten Schritt zu tun, um zu verzeihen und einander die Hand zu reichen.

Ermutigen wir uns doch einander mehr statt spitz auf das zu achten, was uns nicht passt. Das schenkt neue Energien und vervielfacht gute Gedanken. Dabei werden wir viele schöne Erfahrungen machen und erleben, wie gut das tut, wie stark und wie froh das macht!

Hierzu ein Gedicht eines unbekannten Verfassers aus dem 13. Jahrhundert:

Mein Trachten schwingt ins Weite kühn,
es macht mich lebensstark und froh.
Ob man verübelt mein Erglüh'n,
was schert es mich, was einer droh.

Freud' und Begeist'rung gar,
das gibt mir Mut in allen Sachen,
zu übertrotzen die Gefahr.
Was hell nicht ist, kommt über's Jahr.
Wer Frohsinn sucht, muss es so machen.

Lichtblick – Frohsinn

Ein Frohsinns-Haiku
nach Herta Nettke (1951)*

Frohsinn ansteckend
Anstöße angenommen
Initialzündung

Gedankenmüll auf Halde
Takt im Freudengleichklang
Zündung gelungen

Herzgrund nebelfrei
Lichtblick Frohsinn leuchtet
Seele strahlt

Ziel spiegelt Freude
Leicht läufts
Dasein ruhig und heiter

Was mehr?

Licht machen, statt dicht machen

Ich verschenke an hektischen Tagen
eine besinnliche Weile an mich.
Denn die, die nur jagen und klagen,
verlieren durch wirre Gedanken sich.

Wenn von „Schwachsinn“ oder gar „geistiger Umnachtung“ die Rede ist, werden wir nachdenklich. Es macht ängstlich und traurig, wenn in belastenden Lebenssituationen dunkle Schatten das Licht des Geistes verfinstern.

Was nun? Antworten sind nicht einfach. Umso mehr stellt sich die Frage, welche Art „geistiger Umnachtung“ gerade jetzt wohl blockierend wirkt. Gibt es nicht viele Arten „geistiger Umnachtung“? Und wenn Menschen nicht mehr froh sein können, was fehlt ihnen dann? Wir können es Erleuchtung nennen. Nur Erleuchtung verhindert, sich im Gespinst der Sorgen zu verirren. Hingegen verdeckt Schwarzmalerei die Sicht auf die Fülle des Lebens. Hier kann jeder selbst Einfluss nehmen. Die eigene Sichtweise ist zu ändern; weg vom Tunnelblick. Solange keine krankhafte Ursache die Seele trübt, darf man hoffen; denn:

Immer wenn du meinst, es geht nicht mehr,
kommt von irgendwo ein Lichtlein her.

Interessant ist die Feststellung, dass kein Mensch dieses Lichtlein *machen* kann. Es ist da. Jederzeit. Sobald wir es wahrnehmen, durchstrahlt es die Angst und Beklemmung, erleuchtet Herz und Seele, macht den Kopf wieder frei – und Frohsinn leuchtet auf.

Oft könnte man sich fragen: „Wieso fehlte es mir an dieser heilenden Erleuchtung, wenn all mein Frohsinn dahin war?“ Darauf gäbe es viele Antworten, viele Fragen könnten auch offen bleiben. Aber eine dieser Antworten könnte lauten: „Weil ich verblendet war …“

Verblendet durch Schmerz und Krankheit; verblendet durch schlechte Gewohnheiten; verblendet durch fanatische Grundannahmen; verblendet durch eine krankhafte Ich-Sucht; verblendet …

durch einen Mangel an Geduld und Weitsicht, Wertschätzung und Achtsamkeit. Sinn verdunstet in sinnlosem Geschwätz. Frohsinn verpufft in rastlosem Rackern und im heillosen Streit und Stress. Wer sich im Rummel des Alltags aufbraucht, will nur noch „dicht machen“ statt „Licht machen“. Dicht machen macht dunkel. Licht machen macht hell. Dicht machen ist Verweigern, Schotten zu …

Licht machen ist Einlassen, es hell werden *lassen* – dem Frohsinn eine Chance geben …

Dem entgegen steht die Egozentrik, das Kreisen um sich selbst. Wie soll sich dabei der Blick weiten? Eine Folge der Egozentrik ist denn auch die Willkür; Wetteifer statt Weite, Widersinn statt Wahrnehmung, Winkelzüge statt Werte. Umso mehr stärkt uns ein Wertesystem, das sich der Manipulierbarkeit entzieht und, im wahrsten Sinne des Wortes, vor geistiger Umnachtung schützt. Ja, „der Kopf ist rund, damit das Denken die Richtung ändern kann“; dazu braucht es aber stabile Beurteilungsmaßstäbe, die dem Markt der Meinungen standhalten. Erich Limpach (1899–1965):

Was wahrhaft gilt, fängt dort erst an,
wo man es nicht mehr kaufen kann.

Ein untrügliches Zeichen geistiger Umnachtung ist das rastlos raffgierige Rennen um den Eigennutz, wie in Tolstois Geschichte vom Bauern Pachom beschrieben. Er kam um, verblendet vom Laster der Habsucht.

Man kann es drehen und wenden wie man will: Alles was uns zur Last wird, hat seine Ursache in starrsinniger Einseitigkeit. Nun mag beispielsweise die Durchsetzung sogenannter berechtigter Interessen in arbeitsrechtlichen Auseinandersetzungen durchaus von Bedeutung sein; mündet jedoch im Privatbereich das Einklagen persönlicher Interessen in verbissenem Anspruchsdenken, mag man dabei vielleicht „Recht bekommen" – bekömmlich im Miteinander ist es aber wohl nicht. Es fehlt an einer „gut-willigen" Kompromissbereitschaft, an einer „wohl-wollenden" Ausgewogenheit.

Ein Laster der heutigen Zeit ist die (rücksichtslose) Ichzentriertheit, als drehe sich alles nur um einen selbst. Wie soll das froh machen? Man schaue nur in die vielen mürrisch verhärteten Gesichter. Kein Wunder, führt doch, „sinn-gemäß" gesehen, jede Verabsolutierung in die Irre. Die (Er-)Lösung aus dieser schwindelerregenden geistigen Umnachtung liegt in der Erkenntnis, dass alles Gewünschte und Gegebene relativ ist. Entsprechend liegt in der Relativierung des Absoluten die Überwindung der Last.

Gönnen wir uns doch immer wieder diesen wichtigen „Spielraum" zwischen dem was wir wollen und dem, was an möglichen Verhängnissen oder sinnvollen Perspektiven daraus aufleuchtet. Nur diese weitsichtigen Lichtblicke ermöglichen eine rechtzeitige Umorientierung. Ja, statt einer vorschnell lustbetonten Hingabe an „blendende Angebote" erfordert das ein gründlicheres Hinschauen, mehr Weitsicht, Geduld und Vertrauen; mehr Mäßigung statt Gier; mehr „Rück-sicht“ statt Absicht.

Therapeutisch gesehen hat jede Mehrung von Optionen eine heilende Wirkung. Was immer auch den „Blick hin zu mehr“ klärt, es lässt uns ganz einfach leichter, frischer und froher leben; denn es „erleuchtet“ uns nicht nur, es „ent-lastet“ uns auch.

Laster blenden – ohne zu erleuchten. Sie machen nicht froh, sondern übermütig. Am Ende ist es dunkel statt hell ...

Die sieben menschlichen Laster

1. Superbia (Hochmut, Stolz, Eitelkeit)

   Hochmut kommt vor dem Fall.

2. Avaritia (Geiz und Habsucht)

   Geiz und Frohsinn werden sich nie kennenlernen.
   Benjamin Franklin (1706–1790)

3. Invidia (Neid, Missgunst, Eifersucht)

   Der kleine Mensch neidet und spottet,
   wo der große lobt und sich freut.
   *Carl P. Fröhling (*1933)*

4. Ira (Zorn und Wut)

   Hitzig ist nicht witzig.

5. Luxuria (Wolllust, zügellose Sexualität)

   Sex ohne Liebe, ohne Erotik, das ist wie Fast Food
   statt eines dreigängigen Candle Light Dinner.

6. Gula (Maßlosigkeit und Völlerei)

   Wer nur aus Wolllust wahllos küsst,
   wer ohne Hunger gierig isst,
   wer ohne Durst sich wild betrinkt,
   dem weder Freud noch Frohsinn winkt.

7. Acedia (Trägheit und Faulheit)

   Wer ein Jahr lässt das Unkraut steh'n,
   muss sieben Jahre jäten geh'n.

Die sieben menschlichen Laster zeigen uns: Just das, was gemeinhin als Attribut für „ein schönes Leben" hochgejubelt wird, blendet unsere Sinne. So verfälschen die sieben Laster denn auch den echten Frohsinn und führen im Exzess gar zu geistiger Umnachtung. Eine alte Ordensregel hilft, sich davor zu schützen:

Agere contra = Handle entgegen! Sei also mit dem., was du gerne tust, vorsichtig. Sonst wirst du dir selbst eines Tages überdrüssig, machst dicht, wirst dir selbst zur Plage und Trübsinn statt Frohsinn bestimmen dein Leben. Als Korrektiv dienen im Christentum die sogenannten 5 fremden Sünden:

1. Last, Lästiges, Laster- und Sündhaftes verniedlichen, nicht deutlich benennen
2. Zu Belastendem, zur Sünde, schweigen
3. Lastursachen und Blockaden verharmlosen
4. Zu Lasterhaftem und Sündhaftem anstiften
5. In Belastendes bzw. Sündhaftes einwilligen

Man muss wohl nicht erst ein Moralapostel sein, um zu erkennen, dass es ansonsten auch nicht möglich wäre, froh zu sein.

Hilfreich ist in diesem Zusammenhang vielleicht der Hinweis, dass das Wort *Sünde* auf das mhd. *sunder* zurückgeht, was soviel wie *absondern* bedeutet. Neutral gedeutet wäre *Sünde* demnach (im wahrsten Sinne des Wortes) „ein absonderliches Verhalten", das sich in seiner trennend verletzenden Auswirkung immer dann zeigt, wenn Menschen nur etwas für sich sein wollen.

Entsprechend zeigen sich Zeichen geistiger Umnachtung besonders deutlich auch in einseitig geistigen Fixierungen; wird gerade dabei doch alles sogleich „ausgeblendet“, was den eigenen Vorstellungen nicht entspricht. Nicht umsonst spricht die Logotherapie in solchen Fällen recht deutlich von *Vergötzung*. Man sieht nur noch das eine, bis hin in die wahnhafte Vorstellung: „Ich kann ohne ... nicht (mehr) leben.“ Statt den Reichtum des Lebens würdigen zu können, wird nur ein Teil verabsolutiert, was letztlich jeden Frohsinn erwürgt und in psychopathogene Leiden führt.

Königlich fühlt man sich erst durch die Überwindung der Begehrlichkeit. Die alten Wüstenväter wussten:

Zeigt der Weise zu den Sternen,
schaut der Tor nur auf den Finger.

So steht die Vergötzung für das Dilemma einseitiger Verabsolutierungen mit der Folge von infantilen Abhängigkeitsgefühlen. Daraus resultieren kategorische Bedingungen. Entlarvende Redewendungen hierzu lauten meist so:

Ohne ... kann mir alles gestohlen sein.
Wenn nicht ..., dann kann man mich mal.
Nie wieder!

Und was wäre das Resultat? Dicht machen statt Licht machen.

Bedingte Akzeptanzen würgen von vornherein jede Art von Lebensleichtigkeit, Kreativität und Frohsinn ab. Auf sich selbst bezogen sind Enttäuschungen vorprogrammiert, wenn es heißt:

— Ich bin nur etwas wert, wenn ...
— Ich fühle mich nur geachtet, wenn ...
— Ich kann mich nur akzeptieren, wenn ...
— Ich kann mich nur freuen, wenn ...

Und wenn nicht, was dann? Dann befragen wir das Leben. Darauf sind aber keine befriedigenden Antworten möglich. Wir verirren uns nur, wenn wir beispielsweise fragen: „Warum gerade ich?“ oder „Wie kann Gott das nur zulassen?“.

Solche Fragen mögen auf den ersten Blick noch so berechtigt erscheinen, sie führen aber nicht weiter. Letztlich führen sie in eine Art geistige Umnachtung. Und im Dunkel der Grübeleien lauert die Depression.

Wo könnte ein Ausweg sein? Nun, die Logotherapie lehrt eine ganz andere Sichtweise. Da heißt es:

Nicht wir befragen das Leben,
sondern das Leben befragt uns.

Das belichtet unseren Geist. Indem wir uns befragen lassen, funkeln Lichtblicke ins Dunkel unserer schweren, umnachteten Gedanken. Statt zu resignieren, hilft die Frage weiter, was in dieser Lebenssituation konkret zu tun ist, was auf Veränderung wartet.

Da warten sogleich Aufgaben, *Lichtblicke*. Schicksal und Charakter werden von der Art und Weise geprägt, inwieweit wir bereit sind, uns auch immer wieder achtsam befragen und damit *„be-lichten“* zu lassen. Sonst werden allzu leicht „die Schotten dicht“ gemacht – dann ist es eben düster. Aus der jüdischen Tradition ist hierzu diese Lebensweisheit überliefert:

Achtung, Achtung! Achte auf deine Gedanken.

Achtung, Achtung

Achte auf deine Gedanken,
denn sie werden zu deinen Worten.
Achte auf deine Worte,
denn sie werden zu deinen Handlungen.
Achte auf deine Handlungen,
denn sie werden zu deinen Gewohnheiten.
Achte auf deine Gewohnheiten,
denn sie werden zu deinem Charakter.
Achte auf deinen Charakter,
denn er wird zu deinem Schicksal.

Ohne Achtsamkeit entgleitet uns das Leben. Achtsamkeit steht gegen geistige Umnachtung. Achtsamkeit löst beklemmende Fixierungen und führt den Blick hin zu etwas, was Anlass gibt zu einer Würdigung. Dadurch nährt die Achtsamkeit den Frohsinn; sie lenkt staunend die Sinne hin zur Vielfalt des Guten.

Es ist genau diese positive Achtsamkeit, die vor einem armseligen Leben bewahrt, arm an Seligkeit, arm an Lebensfülle, arm an Glück und Frohsinn. Beispiel:

An einem schönen, sonnigen Frühlingstag steigt ein älterer Mann aus seinem stattlichen Wagen, geht zum Erdbeerverkaufsstand und verlangt mürrisch eine Schale Erdbeeren. Sogleich raunzt er die Verkäuferin an: „Aber frische, ja. Vor ein paar Tagen hatte ich welche, die waren nicht mehr ganz frisch. Dafür gebe ich schließlich kein Geld aus."

Nachdem die Verkäuferin ihm eine Schale Erdbeeren mit der Zusicherung aushändigte, die Erdbeeren seien eben erst gepflückt, zahlt der Mann, brummelt etwas Unverständliches, wendet sich grußlos ab und fährt davon.

Zuhause angekommen freut sich seine kleine Enkeltochter über die schönen Erdbeeren. Das Mädchen strahlt vor Glück und Freude, als es eine große, frische Erdbeere in die Hand nimmt, wohlig daran riecht und sagt:

„Hmm ...“. Und mit geschlossenen Augen läßt sich das Kind die Erdbeere schmecken. Die Geschichte verdeutlicht zwei Verhaltensweisen, die positive und die negative Achtsamkeit.

1. Die positive Achtsamkeit ist gekoppelt an Sinnenfreude, Genuss und Frohsinn;
2. die negative Achtsamkeit ist gekoppelt an Kritiksucht, Tadel und Trübsinn.

Die positive Achtsamkeit bewirkt Frohsinn und steht für die Fülle des Lebens. Die negative Achtsamkeit hingegen steht für die Armseligkeit des Lebens; arm an Seligkeit, arm an Dankbarkeit, arm an Freude, arm an Glück. Dafür aber voll gepackt mit Ansprüchen und Bedingungen ... Beides liegt in uns selbst.

Wer auf nichts Gutes mehr achtet, keine Geschenke des Lebens mehr zu würdigen weiß, nur noch nörgelt und sich nicht mehr wundern kann, der ist seelisch so gut wie gestorben. Er ist nicht (mehr) Gestalter des Lebens, sondern Opfer.

Der Erdbeerkäufer verhält sich trotz offensichtlich guter Gesundheit, sozialen Wohlstands, trotz strahlender Frühlingssonne und köstlicher Erdbeeren alles andere als froh. Er wähnt sich sogleich als Opfer, meint, zu kurz zu kommen, ist mürrisch und nörgelt herum.

Er sieht (fordernd) nur sich und seine Ansprüche. Da wird alles erst einmal spitzfindig kritisiert, nichts ist gut genug. Und wenn, wird es als selbstverständlich hingenommen. Oh je. Was für ein *„arm-seliges"* Leben! Hier zeigt sich deutlich die negative Achtsamkeit: Es passt eigentlich alles, nur *mir* passt es *so* nicht.

Wie anders dagegen das achtsame Kind. Wer fühlt sich da nicht an die Mahnung Jesu erinnert: „Wenn ihr nicht werdet wie die Kinder ..." (Mt 18,3). Kinder leben jetzt und hegen dabei keine Hintergedanken.

Hintergedanken sind hindernde Gedanken!

Von Kindern können wir lernen: Frohsinn kann nicht experimentiert werden. Von dem Augenblick an, da wir das Glück kritisch bewerten, zerrinnt es bereits. Anthony de Mello (1931–1987) sagt es so:

Eine gute Tat ist dann am besten,
wenn man gar nicht weiß, dass man Gutes tut.

Wahrscheinlich würde man es sonst noch besser machen wollen, oder anders, oder ... Das würde nur verkrampfen, stressen, unzufrieden und damit unfroh machen. Dagegen steht die positive Achtsamkeit mit ihrem stummen Impuls:

Achtung, Achtung:
Achte auf das Gute!

Das geht ganz ohne Anstrengung, denn die positive Achtsamkeit ist eben bedingungslos und schenkt einfach nur Frohsinn. Froh zu sein, bedarf es wenig ...

Gehe ich davon aus, dass jetzt etwas so ist, wie es ist, genügt das völlig. Und das ist ganz stressfrei, ich brauche mich dabei nicht anstrengen. Keine Bedingungen, keine Absichten, keine Hintergedanken. Das was ist, genügt.

Ich kann mir zwar mit Absicht, unter bestimmten Bedingungen, einen Bissen in den Mund stecken, aber keinen Wohlgeschmack erzeugen. Ich kann mit Absicht ins Bett gehen, aber nur bedingungslos einschlafen. Mit Anstrengungen können Gefälligkeiten getan, aber keine guten Gefühle bewirkt werden.

Das Gute ist immer schon da. Nur dürfen wir uns dem Guten nicht verschließen. Das Gute wartet darauf, dass wir uns öffnen, es beachten. Das genügt. Mehr nicht.

Aber: Öffnen, Licht in sich einlassen und Wertschätzung empfinden, das muss gewollt sein. Ich muss weg von der Egozentrik.

Alle Handlungen,
die nur unter bestimmten Bedingungen,
mit Absicht und Anstrengung geschehen,
sind Zwangshandlungen und bewirken
weder Wandlung noch Wachstum.
Dabei hängen die Mundwinkel nach unten,
nicht nach oben.

So gut der Wille auch ist, wollen wir zuviel, würgen wir die Gabe ab. Achtsamkeit stellt die Wertschätzung des Gegebenen in den Fokus. Aus dem Gegebenen ergeben sich wiederum, von einer guten Motivation getragen, entsprechende Aufgaben.

Wer beispielsweise achtsam eine Bananenschale vom Weg aufnimmt, tut genau jetzt das Beste vom gerade

Gegebenen. Er wird nie den kennen lernen, der sich dadurch nicht verletzt. Er giert in seinem achtsamen Tun weder nach Lob, noch nach Anerkennung. Er tut einfach das, was jetzt gerade sinnvoll ist. Dabei kann er sich gar nicht schlecht fühlen. Im Gegenteil. Er ist gut zufrieden. Simone Weil (1909–1943) sagt es gar so:

Achtung und Wertschätzung
sind Bindeglieder zwischen dem Alltag
und der göttlichen Sphäre.

Wir können gar nicht oft genug den Anruf beherzigen: „Achtung, Achtung: Achte auf das Gute!“ – und froh ist dir zumute.

Tatsächlich liegt die Effektivität unseres Lebens nicht so sehr in der großen Leistung, sondern viel mehr in der wohlwollenden Präsenz.

Das Leben achtsam würdigen und dabei Liebe und Dankbarkeit empfinden, erst das macht wirklich froh, ja, es macht „glückselig“, es gibt dem Leben Reichtum und Fülle. Hierzu ein schönes Gedicht:

Wenn es regnet, lass es regnen.
Scheint die Sonne, freue dich.
Was auch immer dir begegnet,
sieh, es kehrt und wendet sich.

Ob du es mit frohem
oder trübem Sinn beschaust,
helfen kann es dir zu Hohem,
wenn du hoher Kraft vertraust.

Ich bin achtsam – und werde froh, wenn ...

... ich vor dem Einschlafen an das denke,
was heute schön war, wofür ich dankbar sein kann
und wen ich liebe.

... ich Knospen an kahlen Ästen entdecke.

... ich innehalte, um
das Läuten von Kirchenglocken zu hören.

... wenn ich mich für eine Weile
auf eine Bank setze, nichts sage, nur atme
und auf das schaue, was gerade da ist.

... ich den Duft gemähten Grases einatme.

... am Herd stehe und die sprudelnde,
appetitlich riechende Suppe rühre.

... ich aufwache und tief durchatme.

... ich mich freue,
dass mein Gruß nett erwidert wird.

... ich in eine Kirche gehe,
eine Kerze anzünde, still werde
und an die Menschen denke, die ich liebe.

... ich an schöne frühere Erlebnisse denke.

... ich einige gute Gedanken aufschreibe.

... ich mich freue, dass ich mich freue.

... ich schwankend aus der Achterbahn steige.

Nichts lockt die Fröhlichkeit mehr als die Lebenslust.

*Ernst Ferstl (*1955)*

Mensch ärgere dich nicht

Wer auf das Gute achtet, blendet Fehler und Differenzen nicht aus, er wägt deren Folgen aber behutsamer ab und wird die Schwächen anderer nicht sogleich dramatisieren. Wer auf das Gute achtet, kann denn auch so manches lockerer nehmen und vieles, so wie es ist, gut sein lassen. Dieses großmütige Verständnis entspringt einem weiten Herzen und lässt gleichzeitig immer mehr die Reife wachsen. Reife ist ja kein Verdienst. Aber das Verhärtete in uns wird weicher, durchlässiger. Das macht verständnisvoller.

Wer hat denn nicht hin und wieder mit so manchen Schwächen und Unzulänglichkeiten zu kämpfen? Sie gehören zum Leben, machen uns aber auch das Menschsein bewusst. Ist es nicht unmenschlich, alles sogleich auf die Goldwaage zu legen und spitzfindig das Misslungene, die Makel und Fehler zu thematisieren bzw. sie auch noch öffentlich zu machen?

Dabei sind es oft gerade die Widrigkeiten und Unebenheiten des Alltags, die unsere besten Lehrmeister sind. Drücken wir darum ruhig öfter mal ein Auge zu und sagen uns augenzwinkernd: „Was soll's, nimm's leicht!" Ohnehin gilt:

Es gibt so allerhand Verdruss,
auf den man stets gefasst sein muss.

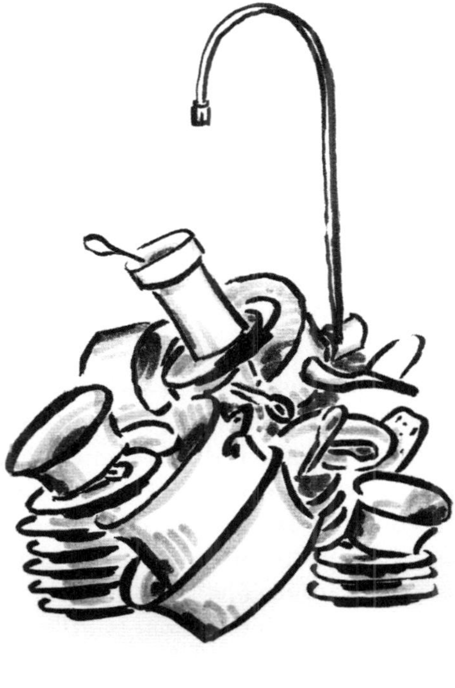

Halte dir jeden Tag nach dem Mittagessen
ein halbes Stündchen für deine Sorgen frei –
und mache dann ein Nickerchen.

Abraham Lincoln (1809–1865)

Liefern wir uns sogleich jeder Dissonanz emotional aus, dürfen wir uns nicht wundern, wenn sich ununterbrochen über uns nur noch dunkle Wolken zusammenziehen und im Leben von Sonne, Freud und Frohsinn weit und breit nichts mehr zu sehen und zu spüren ist.

Liegt nicht immer etwas im Argen? Ja, es gibt immer einen Grund, sich zu ärgern, aber selten einen guten ... Es hilft nichts, ständig im Ärger herumzurühren in der Meinung, sich unbedingt ständig mit ihm befassen zu müssen.

Nur Dummköpfe meinen,
sie würden Rosensamen pflegen,
wenn sie in Dornen rühren ...

Merken wir aber, dass uns nun doch einige Dornen verletzen, zwingt das zu einem anderen Handeln. Liegt wirklich was im Argen, ist das ein Hinweis, etwas zu ändern. Also:

Genau hinschauen, prüfen, abwägen und zu einem Resultat kommen. Daraus ergibt sich eine konkrete Aufgabe, nämlich etwas zu unterlassen oder zu forcieren. Ansonsten: Locker bleiben. Nimms leicht. Und zieht sich die Stirn dennoch einmal kraus hilft es, an Tucholski (1890–1935) zu denken:

Das Ärgerliche am Ärger ist,
dass man sich schadet,
ohne anderen zu nützen

Es läuft ja nicht gleich die Welt aus dem Ruder, wenn uns mal etwas nicht gefällt. Wer sich also über jeden Katzendreck ärgert, der spiele mit Hunden und meide Katzen.

Der gute alte Lincoln ist denn auch mit Adenauer in guter Gesellschaft, wenn er rät, sich für den Ärger mittags eine halbe Stunde Zeit zu nehmen – und in dieser Zeit ein Nickerchen zu machen. Mensch, ärgere dich nicht!

Es ist wie beim Wetter. Es gibt nicht immer Sonnenschein, es gibt auch Wind und Regen. So ist das in der Natur – und im Leben ist es nicht anders. Wie aber nach jedem Regenschauer auch wieder die Sonne scheint, so, Dietrich Bonhoeffer (1906–1945), „... muss man sich durch die kleinen Gedanken, die einen ärgern, auch immer wieder hindurchfinden zu den großen Gedanken, die einen stärken." Haben wir das eingesehen, so ist es auch mit dem meisten Ärger nur noch halb so schlimm. Überrascht werden wir feststellen:

Sind auch die äußeren Anlässe alles andere als angenehm, so kommt der Ärger darüber aus uns selbst.

Es ist klärend, sich einmal zu fragen, was Ärger eigentlich ist? Ja, er vergiftet den Frohsinn. Und doch stimmt etwas nicht, wenn er stärker ist als der Frohsinn.

Bedenken wir: Schwerwiegende Ereignisse lösen an sich keinen Ärger aus; es sind häufig nur Kleinigkeiten, „die Nadelstiche des Alltags", die uns in eine gereizte Stimmung hinein versetzen. Ein wirklicher Schicksalsschlag wäre damit gar nicht zu vergleichen. Dieser hat häufig sogar im Nachhinein einen tieferen Sinn, wodurch sich – Gott sei Dank – unser Bewusstsein erweitert. Aber Ärger? Ärger macht alles nur noch ärger. Er kommt aus unserem eigenen Kopf. Woher denn sonst?

Warum also aus einer Mücke gleich einen Elefanten machen? Nimm's leicht.

Mensch, ärgere dich nicht! Nur ein Dummkopf lässt sich von morgens bis abends den Kopf verdrehen.

Interessant ist in diesem Zusammenhang der Hinweis, dass Wissen, Witz und Weisheit derselben Wortwurzel entstammen.

Augustinus (354–430) wusste es. Um locker zu bleiben, so erkannte er, „... kann nur der Weise die gespannte Schärfe seines Geistes lockern."

Zugegeben, man kann Schlimmes nicht weniger schlimm machen, indem es blauäugig einfach verniedlicht wird. Doch: Wer sagt denn, dass wir schwierige Situationen obendrein auch noch schwieriger und schrecklicher machen müssen?

Viktor Frankl war dafür bekannt, möglichst humorvoll die Dramatik aus vertrackten Situationen herauszunehmen. Von ihm stammt das Zitat: „Und wenn ich mich noch so sehr aufrege und abrackere, lebend komme ich aus der Welt nun mal nicht raus." Drum:

Bevor gar noch der Blutdruck steigt,
sag dir ganz locker: „Ach, nimm's leicht."
Sag oft dir das, autodidaktisch.
zur Gesundheit, prohylaktisch.

Klugheit und Weisheit verleihen die Fähigkeit, sich den Frohsinn zu erhalten, Gegensätze zu durchschauen und Zusammenhänge zu erkennen. Das ermöglicht eine tiefere Verständnisbereitschaft.

Dieses „mehr sehen" macht gelassen, überwindet Spannungen und fördert „eine entspannte Lebensweise". Nimm's leicht, das macht auch nur schwer angreifbar. Dann ist der Geist eben nicht länger mehr verwildert, zerknittert durch all die irrsinnigen Fragen des Konjunktivs:

Hätte ich doch ...
Müsste ich nicht ...
Wäre es bloß ...

So füttern wir im Kopf nur unseren eigenen Unruhestifter. Der verknotet „da oben" bekanntlich alles Mögliche – und so wird uns alles Mögliche zu schwer. Entknoten geht nur durch: „Schluss jetzt! Nimm's leicht."

Mensch, ärgere dich nicht! Schluss mit all diesen unheilvollen Vermutungen und dem ganzen wahnwitzigen Weltuntergangsspuk.

Wer am anderen Morgen aus dem Fenster schaut wird feststellen: „Hö? Die Welt ... is ja immer noch da!" Und das Leben geht weiter. Also nimm's doch leicht. Und füttere dein Köpfchen ruhig öfter mal mit etwas leichterer Kost. Ja, das Leben schwer nehmen ist leicht, aber das Leben leicht nehmen, ist so schwer nun auch wieder nicht.

Die Geschichte von den zwei Wölfen

Ein alter und ein junger Indianer saßen am Lagerfeuer. Da sagte der alte Indianer versonnen: „Manchmal fühle ich mich, als würden zwei Wölfe in meinem Kopf miteinander kämpfen. Einer hinterfragt jedes Wort, er will ständig was zu sagen haben und ist immer ärgerlich, weil ihm keiner was recht machen kann; er weiß alles besser, meckert fortwährend herum und befürchtet alles Mögliche. Der andere aber ist eigentlich immer gut zufrieden. Er hat viel Verständnis für andere, er ist ruhig, ausgeglichen und frohen Mutes."

„Was du nicht sagst", wunderte sich der junge Indianer, „und, welcher der beiden gewinnt den Kampf?" – Da antwortete der Alte: „Der Wolf, den ich füttere."

Kommt uns der Frohsinn abhanden, füttern wir „den bösen Wolf"; ängstlich verlieren wir uns in schwermütige Grübeleien. Was hilft, das ist „Kostveränderung für unser Gehirn".

Einseitige Lebensentwürfe und unflexible Verhaltensweisen verkanten unser Denken. Wir können nichts mehr leicht nehmen und wittern stets und überall Widersacher, die uns nicht verstehen oder uns was wollen. Glauben wir wirklich noch an den „bösen Wolf"? Warum glauben wir nicht lieber an uns selbst?

„Nimm's leicht", das setzt erst einmal voraus, sich nicht länger selbst Unsinn einzureden. Statt dessen lieber auf andere Gedanken zu kommen. Dumme Gedanken hat jeder mal, nur dürfen wir uns davon nicht „verdummdeubeln“ lassen. Sonst hakt es ...

So mühte sich auch einmal ein Mann keuchend und schwitzend ab, einen großen Holzstoß kleinzusägen. Er kam aber mit der mühseligen Arbeit nicht gut voran. Da riet ihm eine Frau, die vorbeikam: „Du solltest deine Säge schärfen.“ Doch der Mann gab schnaufend zur Antwort: „Wird ja immer schöner! Auch noch kluge Ratschläge, was?! Für so was hab ich hier keine Zeit. Ich muss schließlich mit meiner Arbeit fertig werden.“

Es heißt nicht, wer etwas leicht nehme, der sei leichtfertig und täte nichts. Er tut es nur anders. Und nebenbei: Etwas leicht nehmen vermindert Angst und ist beziehungsfördernd.

Die Geschichte von des Bären Todesliste

Einst hauste im Wald ein furchterregender Bär. Alle Tiere hatten Angst vor ihm, denn es ging das Gerücht um, er habe eine Todesliste. Tatsächlich waren auch schon viele Hirsche, Rehe, Wildschweine und Schafe dem Bären zum Opfer gefallen. Keiner traute sich mehr heraus und Panik brach aus im Wald.

Nur der muntere Hase traute sich. Gewitzt dachte er: Nun ja, wird es gefährlich, kann der Bär ohnehin nicht so schnell rennen wie ich. Warum sollte ich ihn also nicht mal besuchen und mit ihm reden?

So lief er zum Bären und fragte ihn: „Hey Bär, du bringst ja mächtig Angst und Sorgen hier in den Wald! Nun sag mir doch mal, stehe ich auch auf deiner Todesliste?"

„Jaja", brummte der Bär, „du stehst da auch drauf." „Soso", antwortete der Hase. Dabei schaute er den Bär schelmisch an und fragte: „Würdest du mich da wohl streichen?"

„Na klar", lachte der Bär, drehte sich um und sagte: „kein Problem ..., schon gemacht!"

Was zeigt uns das? Statt uns von allen möglichen Ängsten und Bedrohungen gleich einfangen zu lassen, machen wir's doch lieber wie der Hase: Sich auf seine Stärken besinnen statt einer lähmenden „Bärenangst" zu verfallen. Und dann nur nicht kneifen!

Wir werden feststellen: Frisch gewagt, ist halb gewonnen. Alles halb so wild. Mensch, mach dir doch nichts vor! Und wenn mal was sein sollte, wird's schon wieder.

Tu was nötig ist. Überwinde dich zu einem lockeren Gespräch und zieh die Mundwinkel nach oben. Kneift wirklich was, blick in den Spiegel, kneif ein Auge zu und sage dir: „Hey du da, Kopf hoch, auch wenn der Kragen mal dreckig ist."

Das wischt den Staub von der Seele. Das ermutigt und befähigt, sich nicht unterkriegen zu lassen. Es hilft, sich selbst nicht so wichtig zu nehmen, Dummheiten nicht aufzubauschen und das Schwere einfach etwas leichter zu nehmen.

Wir schimpfen bei so vielen Sachen
empört: Das ist doch nicht zum Lachen!
Dann lach ich trotzdem, weil ich meine,
es wird nicht besser, wenn ich weine.

Mit Humor geht alles besser

Im Prinzip wär' alles heiter,
gäb's nur nicht die Prinzipienreiter.

So deutet Klaus Klages (* 1938) die Humorlosigkeit unserer Zeit. Das heißt nicht, dass man keine Prinzipien haben sollte. Prinzip deutet ja vom lat. *principium* auf das Urspüngliche hin. Schauen wir in den Schöpfungsbericht, so steht dort nach jedem Schöpfungstag: „Und es ward Abend und es ward Morgen ..." – ein erster Tag, ein zweiter Tag usw.

Mich erstaunt, dass „im Prinzip" das werktägliche Tun mit dem Ausruhen beginnt, mit dem Kraftholen für die Tat. Danach steht dann, dass es gut war, ja: „es war sehr gut." (Gen 1, 31). Leben wir nicht umgekehrt?

Komisch. Dabei heißt es doch „prinzipiell", dass *vor* dem ganzen Ernst des Lebens die Freude über das Dasein steht. Ja, einfach so. Drum soll'n wir alle froh sein! Gorch Fock (1880–1916):

Wer keine Freude an der Welt hat,
an dem hat die Welt auch keine Freude.

Genau in dieser gegenteiligen Haltung liegen auch die wunden Punkte der Prinzipienreiter, die sich in der übertriebenen Ernsthaftigkeit des Alltags gefallen.

Nun ja. Ein guter Reiter führt ja auch sein Pferd. Doch der Prinzipienreiter verkrampft sich in der Dressur. Mit anderen Worten ist es ein Unterschied, ob einerseits jemand hart wird und in seiner Pflicht erstarrt, oder ob sich andererseits jemand aus der Starre befreit und die Pflicht in Freude verwandelt. Rabindranath Tagore (1861–1941) hat dazu die bemerkenswerten Sätze geschrieben:

Ich träumte und dachte, das Leben sei Freude.
Ich erwachte und sah, das Leben war Pflicht.
Ich handelte und siehe: die Pflicht ist Freude!

Dann geht auch sogleich mit Humor alles noch besser. Denn zur Substanz eines gesunden Humors gehört *das Leicht-nehmen*, nicht aber, wie Tagore schreibt, der *Leicht-sinn*. Letzterer blendet den Ernst des Lebens aus und spielt mit allem, was im Leben wichtig sein kann. Ausruhen und die Leichtigkeit des Seins genießen, ja, aber ... auch Kraft sammeln für den Alltag.

Leichtsinn bedeutet Unsinn machen,
spielen mit dem Risiko.

Leichtnehmen bedeutet annehmen,
um das Gegebene zum Guten verwandeln zu können.

Annehmen bedeutet zunächst einmal ernst nehmen; dann aber abwägen, wie damit umzugehen ist.

Prinzipienreiterei bleibt unflexibel im Prinzip stekken; sie lässt sich vom Prinzip versklaven und erstickt die Kreativität. Wenn da nicht was passt, knirscht es ... Der Humor hingegen befähigt zum Sich-befreien, zum Sich-durchringen hin zur Leichtigkeit.

Erst dieses *Frei-sein* macht „richtig froh". Sich frei fühlen ist die Wurzel des Frohsinns. Johannes Baptist Lotz (1903–1992) hat das gut auf den Punkt gebracht; er schreibt:

„Im Humor kommt der überlegene Mensch zum Vorschein, jemand, der sich nicht unterkriegen lässt und dabei noch lächeln kann. Er ist nicht stolz, sondern eigentlich demütig. Denn nur so schafft er es offenbar mühelos, auch das Schwere noch zu meistern. Er reift in das umfassende Ja zum Leben hinein, das mächtiger ist als die Empörung."

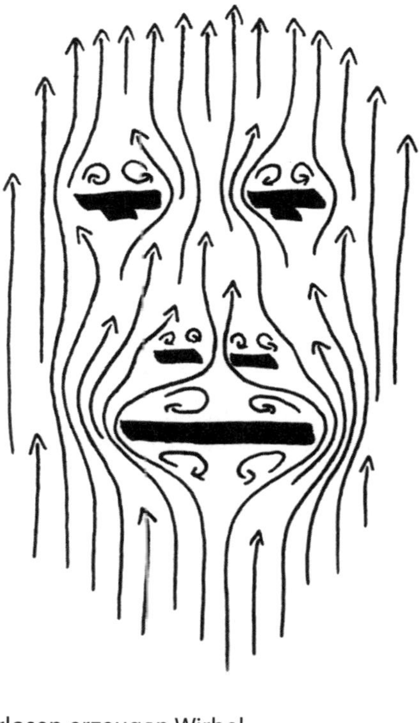

Die Humorlosen erzeugen Wirbel –
aber keine Strömung.

Hans-Jürgen Quadbeck-Seeger (1939)

Nicht von ungefähr kann der humorvolle Mensch auch in prekären Situationen noch weitgehend locker bleiben. Das zeigt ihn als Lebenskünstler, er kann herzhaft lachen!

Ein herzhaftes Lachen stellt sich ja auch erst dann ein, wenn wir uns von all dem distanzieren können, was die natürliche Lebensfreude trübt. Dafür muss der Kopf frei sein. Dann ist eine Minute herzhaftes Lachen so erfrischend wie eine halbe Stunde ernsthaftes Entspannungstraining!

Während der humorlose Prinzipienreiter die Zähne zusammenbeißt und sich im Kampf mit dem Schicksal höchstens zu einem verkrampften Grinsen steigern kann, kennzeichnet das gelöste Lächeln des Frohsinns so etwas wie Überlegenheit und Größe. Es schenkt sogar Trost im Kummer, während die Grimasse Trost nur vortäuschen kann.

Der humorvolle Mensch strahlt Mitmenschlichkeit und Frohsinn aus, während der humorlose Prinzipienreiter über ein *So-tun-als-ob* nicht hinauskommt. Vor lauter Sachzwänge verlieren Prinzipienreiter den Blick für das Schöne, „die Leichtigkeit des Seins". Wie ein deutsches Sprichwort es beschreibt, verdirbt dabei um des Hufeisens willen das Pferd.

Immerhin aber hält der Prinzipienreiter für seine Reiterei gleich mehrere ausgesuchte Pferde bereit. Große Pferde für große Reiter, kleine Pferde für kleine Reiter, schlanke Pferde für schlanke Reiter, kräftige Pferde für kräftige Reiter und für all die, die noch nicht geritten sind, auch Pferde, die noch nicht geritten sind ...

Und das sei hier nun auch noch gesagt: Menschen mit Humor genügt schon ein schönes Steckenpferd.

Stellen wir uns einmal vor, all die mächtigen Prinzipienreiter dieser zerstrittenen Welt würden das eigentliche Prinzip einer friedlichen Cooperation mehr beachten und sie würden sich statt wirtschaftspolitischer Monopolykonferenzen einen netten Steckenpferdgipfel gönnen. Es gäbe mehr Frieden statt Fehden, mehr Witze als Waffen, mehr Frohsinn als Fron. Und? Warum wäre das so abwegig?

Es fehlt dafür wohl nur am nötigen Humor. Richtig ist, dass sich der Humor mit Dilettantismus beißt, raffinierte Richtlinien ad absurdum führt und erstarrtes Denken überflügelt.

Zwar mag es unser kritisches Denken stören, aber Probleme auch mal mit Witzen statt mit Waffen zu lösen, was wäre daran dumm?

Es würde nur voraussetzen, sich bitte gegenseitig nicht so wichtig zu nehmen.

Ganz schön gewitzt so was, oder? Ja, denn Wissen, Witz und Weisheit stammen aus derselben Wortwurzel. Ist jemand *gewitzt,* ist er alles andere als dumm, er sprüht vielmehr von „Esprit“, von erfrischender Kreativität.

Noch um 1800 schrieb Goethe (1749–1832) vor einer schweren Entscheidung einem Freund, dass er vorher „seinen Witz“ befragen müsse. Im Ausspruch, dass etwas *witzlos* sei, hat sich der ursprüngliche Sinn des Humors noch erhalten.

Kluge Menschen haben oft einen feinen Humor; denn Klugheit und Weisheit verleihen die Fähigkeit, Zusammenhänge zu erkennen, Gegensätze zu durchschauen und so zu einem tieferen Verständnis der gegebenen Lebensumstände zu gelangen. Dieser Weitblick hilft, überkommenes, beengtes und auch allzu kritisches Denken zu weiten, Grenzen zu überwinden und Spannungen zu lösen.

Humor fördert eine entspannte Lebenshaltung. Gerhart Hauptmann (1862–1946):

Humor ist die Erkenntnis der Grenze,
verbunden mit grenzenloser Erkenntnis.

Wer Humor hat, sieht über bestehende Probleme hinaus. So kann man auch mal fünfe gerade sein lassen und sich vielleicht sogar hin und wieder einen Vogel gönnen. Frankls Frau Elly meinte: „Wer nicht auch mal einen Vogel hat, der versäumt das Leben."

Auffällig ist, dass mit der Industrialisierung nicht nur viele (schräge) Vögel ausgestorben sind, sondern obendrein auch die ursprüngliche Bedeutung des Witzes verloren gegangen ist. Die Menschen wurden immer humorloser. Und wir?

Auch wir verkümmern mehr und mehr im „Ernst des Lebens". Vor lauter Wichtigtuerei und kritischem Perfektionismus verdunstet der Frohsinn des Lebens. Das macht aus Menschen Konkurrenten und Roboter, die nicht (mehr) lachen können. Ja, das ist traurig. Versagensängste ersticken die Freude im Keim. Kleinste Fehler werden zur Katastrophe hochpalavert, weil unbarmherzig nur noch Perfektion und Erfolg zählt.

Wenn heute oft beklagt wird: „Wir haben wenig zu lachen", so wird dadurch deutlich, dass uns durch all den übertriebenen Perfektionismus mehr und mehr die Leichtigkeit des Seins verloren gegangen ist. Das macht aus Menschen Roboter, unfähig zum Lachen. Schon Erich Kästner (1899–1974) beklagte:

Ohne Hoffnung, ohne Trauer
hält er seinen Kopf gesenkt.
Matt lehnt er sich an die Mauer;
müde steht er da – und denkt.

Problemorientiertes Denken, leistungsabhängige Verhaltensmuster, unterdrückte Versagensängste, sie ersticken das Lachen im Keim und verfinstern das Gemüt. Das führt in eine Risikogesellschaft mit asozialen Tendenzen. Und da meinen wir auch noch, mit Motivationstrainern, Controllern oder (man höre und staune) mit Leadership-Experten gegensteuern zu können. Frustrieren dabei nicht schon sogleich wieder diese verkopften, humorlosen Worte? Und was wollen diese strahlenden Experten bloß in Großraumbüros bewirken, die, ohne Tageslicht, mit Neonröhren ausgeleuchtet, dafür aber mit einigen grünen Gummibäumchen drapiert, höchstens so etwas wie eine Schornsteinkarriereleiter erahnen lassen? Was? Nicht einverstanden? Schon kommt die jovial dahergeredete zynische Aufmunterung des Motivationstrainers:

„Sagen Sie nur, was Ihnen nicht gefällt.“ Ja, da sage mal einer was ... Da bleibt einem doch der Kloß im Halse stecken. Was wirklich fehlt, ist eine Befreiung aus den Zwängen der reinen Zweckorientiertheit, etwas Frohmachendes, also beispielsweise ein Firmenchor, Betriebsfeste, sportliche Wettbewerbe usw. Ja, da ist es möglich, sich auch mal was von der Seele zu reden.

Nur humorvolle Menschen sind die besten Motivationstrainer. Sie verhindern ein Erstarren in der Pflicht. Nur humorvolle Menschen können das verhindern.

Humorvolle Menschen sind eben ...

nicht ätzend und verletzend,
sondern nachsichtig und weitsichtig;
nicht überheblich, sondern gütig;
nicht kleinlich, sondern großmütig;
nicht egozentrisch, sondern tolerant.

Humorvolle Menschen sind den meisten Fußangeln des Lebens überlegen. Wie gut also täte uns allen ein bisschen mehr Frohsinn und Humor. Dem polarisierenden Denken würde ein Bein gestellt und die angebliche Schwäche offenbarte sich als eine ganz natürliche menschliche Eigenart.

Humor entmachtet,
ohne machtlos zu machen.

Dem wachsenden Leistungsdruck würden Schleusen geöffnet; denn er schreit förmlich nach Entlastung durch ein verständnisvolles Augenzwinkern und befreiender Gelassenheit im Umgang miteinander. So würden wir uns auch weniger weh tun.

Es ist interessant zu wissen, dass „Humor" und „Humus" die gleiche Wortwurzel haben und somit der *Humor* so etwas wie *natürlicher Lebensdünger* ist.

„Kunstdünger" dagegen sind die Frohsinnsräuber, aufgeblasene Szenarien, bissiger Sarkasmus, gezielt dressiertes Lächeln und nicht zuletzt die übertrieben wichtig erscheinenden Prinzipienreitereien. Auf den ersten Blick schießt da Gott weiß was ins Kraut, letztlich aber bleiben nur ausgelaugte, harte Böden ...

Mit anderen Worten: Die gewiefte Absicht locker zu sein, verhindert, es zu werden.

Ein gutes Vorbild

Ein gelehrter Mullah wollte seine Tochter vor den Gefahren des Lebens und den Tücken der Liebe bewahren. Also sprach er zu ihr:

„Liebe Tochter denke daran, was ich dir nun sage. Alle Männer wollen nur das eine. Sie sind raffiniert und stellen Fallen, wo sie nur können. Du merkst gar nicht, wie du immer tiefer in den Sumpf ihrer Begierden versinkst. Ich will dir den Weg des Unglücks aufzeigen, denn du weißt, ich bin Mullah und kenne mich in den Abgründen der menschlichen Seele aus. Also gib Acht.

Erst schwärmt der Mann von deinen Vorzügen. Dann kommt ihr an seinem Haus vorbei. Dort sagt er dir so ganz nebenbei, dass er nur eben seinen Mantel holen wolle. Er fragt dich, ob du ihn in seine Wohnung begleiten möchtest. Einmal in seinem Zimmer bietet er dir einen vorzüglichen Tee an. Gemeinsam hört ihr romantische Musik, und wenn die Stunde gekommen ist, dann ... Ja, dann wirft er sich plötzlich wie besessen auf dich und damit bist du geschändet. Und damit sind wir alle geschändet, unsere ganze Familie."

Die Tochter nahm sich die Worte des Vaters sehr zu Herzen. Einige Zeit später kam sie, stolz lächelnd, zu ihrem Vater und sagte: „Lieber Vater, was bist du doch ein großer Prophet! Woher hast du das alles nur gewusst? Es war genauso, wie du es mir geschildert hast."

Der Vater erstarrte. Doch seine Tochter sprach freudestrahlend: „Erst bewunderte der Mann meine Schönheit. Dann, als er merkte, dass er seinen Mantel vergessen hatte, lud er mich ein zum Tee. In seinem Zimmer verschönte er mir die Zeit mit wunderbarer Musik.

Da dachte ich an deine Worte. Ich wusste ja nun genau, was da gleich auf mich zukommen würde. Doch nun schau mich an, damit du siehst, dass ich eine würdige Tochter des großen Mullahs bin.

Denn als ich den Augenblick des Unheils nahen fühlte, warf *ich* mich wie besessen auf ihn und schändete *ihn* nach Strich und Faden. Ja, *ich* schändete ihn und damit zugleich seine ganze Familie. Nun sag selbst: Bin ich nicht eine gute, wohlerzogene Tochter?"

Wilhelm Busch (1832–1908) würde sagen:

Stets findet Überraschung statt,
da, wo man's nicht erwartet hat.

Regiert nur die Ernsthaftigkeit, und das auch noch mit dem erhobenen moralischen Zeigefinger, kehrt sich oft alles gut Gemeinte ins Groteske.

Grotesk, das ist das widersinnig Verzerrte, das maßlos Gesteigerte, bei dem die Grenzen zwischen Lustigem und Abstrusen verwischt werden.

Und doch: Gott Dank kann uns mit etwas Humor sogar die groteske Bösartigkeit nicht überraschen. Das bewirkt der Segen des Humors und hält sogar dafür noch ein mildes Schmunzeln bereit, Zeichen dafür, dass nichts so gut das Leid durchdringt wie das ungetrübte Mitleid.

Der Segen des guten Humors liegt ja gerade darin, dass er mit seinem (liebenswürdigen) Frohsinn – augenzwinkernd – so etwas wie eine Kultur des Vertrauens schafft.

Wer Humor hat zeigt, dass er „prinzipiell“ über den Dingen steht. Richtig so, denn Humor ist eine Geisteshaltung; sie ist jedem von uns (Gott sei Dank) „prinzipiell“ gegeben.

Darum muss man sich erst einmal selbst von seinen Ängsten befreien, wenn man andere mit einem Lachen beglücken möchte.

Also nicht „falsch herumlachen“ oder etwas Wichtiges verantwortungslos einfach schönreden. Nein. Selbstverständlich ist auch mal was „zum Heulen“.

Prinzipiell gehört zum Menschsein sowohl das Lachen wie auch das Weinen, die Komik und die Tragik. Es sind zwar entgegengesetzte Pole, doch sie bedingen einander. Am Ende aber sollten wir wieder gelöst, ja, erlöst sein, so dass uns wieder ein herzliches Lächeln umstrahlt.

Ernst nehmen, annehmen, befreien und verwandeln, das sind die Zauberworte des Humors. Mehr bedarf es nicht, um froh zu sein. Aber es bewirkt viel im Miteinander. Ja:

Bist du traurig, hast du Sorgen?
Kann ich dir mein Lächeln borgen.

Nimm es nur und nütz es gut,
dass es gute Wirkung tut.

Hilft es dir und bringt's dir Glück,
dann bring's mir irgendwann zurück …

Das Lächeln

Eva, in frohgestimmt, heiterer Ruh',
lächelt ihrem Nachbarn Piepenbrink zu.
Dieser, durch das Lächeln nun ebenfalls heiter,
gibt es an den Herrn Pfarrer weiter;

der, an die Zeitungsverkäuferin – und die,
an Dr. Meyer, Facharzt für Psychiatrie;
dieser an Schwester Lisa vom Kinderhort
und diese an Fritz – und so weiter und so fort …

So kommt das Lächeln nun irgendwann
abends gegen sechs auch am Schillerplatz an,
bei einem im Augenblick traurig tristen,
doch durch das Lächeln erheiterten Polizisten –

so dass der, als Eva den Verkehr blockiert,
den Verstoß mit einem Lächeln quittiert!
Was ist unser Leben doch lebenswert,
wenn keiner dem andern das Lächeln verwehrt!

Nach Otto Heinrich Kühner (1921–1996)

Was das Leben so köstlich macht?
Gute Taten,
gutes Essen
und guter Humor.

Albert Schweitzer
(1875–1965)

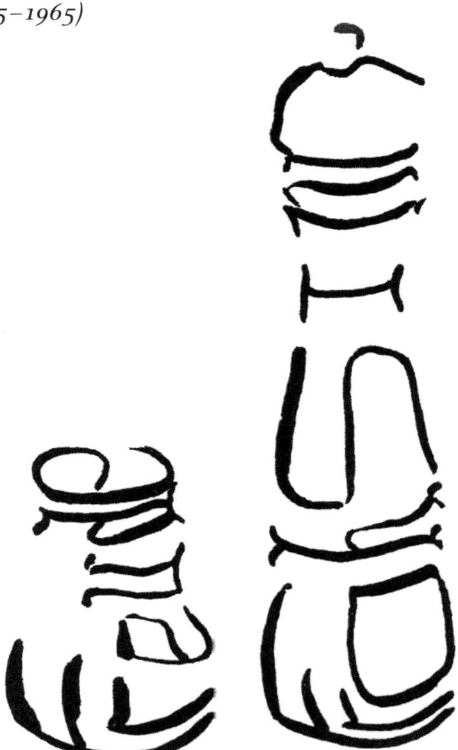

AUF DIESER SEITE GEBEN SALZ UND PFEFFER FREUDE UND FROHSINN

Die Früchte des Frohsinns

Die Frucht des Frohsinns
ist der Humor.

Die Frucht des Humors
ist die Freiheit.

Die Frucht der Freiheit
ist die Offenheit.

Die Frucht der Offenheit
ist die Großherzigkeit.

Die Frucht der Großherzigkeit
ist die Bejahung.

Die Frucht der Bejahung
ist die Liebe.

Die Frucht der Liebe
ist die Freude.

Die Frucht der Freude
ist der Frohsinn.

Die Frucht des Frohsinns
ist der Humor.

Otto Pötter

Es ist so leicht gelacht wie geschrien

Was ist der Unterschied zwischen einem Clown und einem ganz normalen Menschen? Das ist leicht zu beantworten:

Der ganz normale Mensch ist kein Clown,
aber der Clown ist ein ganz normaler Mensch.

Ja:

Jeder Mensch ist auch ein Clown.
Doch ist der Mut dafür zu klein
seine Botschaft zu durchschau'n –
und auch dabei noch froh zu sein.

„Wie bitte?", ließe sich fragen, „zum Fröhlichsein gehört Mut?" „Ja sicher", würde Charlie Rivel (1896–1983) antworten, „ein Kleinmütiger kann kein guter Clown sein, weil Humor der Mut ist, sich selbst nicht so ernst zu nehmen."

Recht hat er, der gewitzte Clown. Denn wem kitzelt es nicht immer mal wieder, sich selbst auf einen ehrenwerten Sockel zu hieven? Doch kaum steht man da stolz und erhaben als Denkmal und ... schon kommen die Tauben. Shit happens!

Das soll auch noch zum Lachen sein? „Genau das", würde ein guter Clown vergnügt antworten, „denn es ist so leicht gelacht wie geschrien."

Unausgesprochen sagt uns das: Mensch, komm doch mal runter von deinem hohen Sockel. Mensch, spring doch einfach öfter mal über deinen eigenen Schatten.

Das Wort *Clown* ist dem Lateinischen *Colonus* verwandt und bedeutet soviel wie „Landbewohner“. Landbewohner lieben die Natürlichkeit. Alles Gestelzte und allzu Förmliche verwirrt sie. Ich persönlich schreibe darum auch so gerne Plattdeutsch (siehe www.poetter-plattdeutsch.de). Da weitet sich das Herz gegen den gespreizten Dünkel.

Entsprechend schwer fiel es denn auch den Landbewohnern, sich gegenüber den „feinen Leuten“ korrekt zu behaupten. Genau das verdeutlicht uns der Clown.

Clowns tappen herum und tappen in viele Fettnäpfchen. Vertuschen würden sie es gerne, aber dazu fehlen ihnen die richtigen Worte. Und so überspielen sie ihr Dilemma durch Mimik und Gestik. Doch je mehr sie sich bemühen, locker zu bleiben, je deutlicher offenbart sich ihr Missgeschick. Clowns sieht man alles gleich an. Das macht sie so menschlich.

Und gerne verzeihen wir ihnen ihre Tollpatschigkeit. Unbewusst lösen wir uns damit aus unserer eigenen Verklemmung. Clowns vermitteln uns so das befreiende Gefühl:

Du brauchst dich nicht zu verstellen,
du darfst so sein, wie du bist.

Darin liegt eine heilende Wirkung. Sie befreit aus Beengung und innerem Zwang und stärkt das Gefühl: Es gibt noch mehr als nur Perfektion und „schön artig sein“.

Heilung entwickelt sich durch die Mehrung der Optionen. Erst wo sich der Blick weitet, öffnen sich neue Lebensperspektiven. Das macht sogleich froh und wir können wieder richtig schön lachen.

Und doch ... Irgendwie fühlt sich jeder dem Clown überlegen; 's wär ja auch gelacht! Das macht der neunmalkluge Kopf mit seinem Zwang zur Systematik. Das haben wir von den alten Griechen gelernt. Dieses klare „Denken mit Ecken und Kanten" beißt sich mit jener spielerischen Gedankenmalerei der Poesie. Und so nehmen wir in gespannter Erwartung „das Getue" des Clowns in uns auf und lachen just immer dann, wenn mal wieder was danebengeht (unbewusster Kommentar: Nein, so was! Das wäre mir so nicht passiert ...) Das macht der neunmalkluge Kopf. Wir lachen dabei weniger über das eigentliche Missgeschick, sondern mehr, wie der Clown damit umgeht. Was zeigt uns der Clown aber wirklich?

In Wahrheit bäumt sich der Clown auf gegen die Eintönigkeit starrer Systeme, gegen die selbstherrliche Aufgeblasenheit der Mächtigen oder auch nur gegen die Vertracktheit ausgeklügelter Verhaltensweisen. Er sucht in seinem Tun verzweifelt nach einfacheren Lösungen. Geht uns das nicht auch oft so?

Und dann?

Dann lassen wir uns lieber gewohnheitsmäßig den Kopf mitsamt seines so weit verzweigten Nervengeflechts verdrehen, so dass wir, reflexartig *„verdreht"* auf so manch tückische Herausforderung des Alltags reagieren. Je verdrehter wir aber werden, umso mehr verstricken wir uns in die unglückliche Situation. Der Clown jedoch zeigt uns eine andere Alternative. Er sagt es uns nicht, doch zeigt er uns durch sein Verhalten seine großartige Botschaft:

„Es ist so leicht gelacht wie geschrien."

Mit dieser Einstellung liefere ich mich nicht dem Schicksal und auch nicht meinen Widersachern aus. Immerhin zeigt Lachen Stärke und Schreien zeigt Schwäche.

Doch nicht jedes Lachen hat zugleich auch eine heilende Wirkung. Falsches, spöttisches Lachen, das ist wie Schulden machen. Befreiendes Lachen aber ist, wie Wilhelm Busch (1832–1908) meint, „Ausdruck innerer Behaglichkeit". Dann können auch Spitzen und Spitzfindigkeiten den Frohsinn nicht trüben.

Wie nun die Beschaffenheit des Blutes, das unsere Adern durchfließt, sich größtenteils aus der Art unserer Ernährung bildet, so bildet sich unsere Grundstimmung und somit auch der Frohsinn aus der Art unserer Denk- und Lebensgewohnheiten.

All die überkritischen, unfrohen und vergrämten Menschen, an denen die Tage ihres Lebens nur als eine lange Kette von zänkischen Reibereien und Trübsinnigkeiten vorbeiziehen, leiden an frohsinniger Unterernährung. Eigentlich sind sie sich selbst fremd geworden, all die verdrehten Menschen, die das Lachen verlernt haben. Und wenn sie lachen, lachen sie anders, meist über andere, oder über Satire, eine Art Humor, der unbedingt ernstgenommen werden will. Oder sie flüchten sich in den Zynismus, diesen Humor der Verzweifelten. In Wahrheit ist es ein beengtes Lachen, das da zum Vorschein kommt.

Ein intellektuelles Lachen schützt auch nicht vor den belanglosen Unstimmigkeiten des Alltags. Es ist eben zu sehr kritikbezogen und zeigt sich kontrolliert, ohne ehrliche Gefühle. Man könnte sich ja blamieren ... Es sind denn auch die kopfgesteuert agierenden Menschen, die meinen, stets auf der Hut sein zu müssen, um ja „in" zu sein oder nicht „aus der Rolle zu fallen". Dabei verkneifen sie sich oft ein herzerfrischendes Lachen. Dass es ihnen so an Herzlichkeit und Frohsinn mangelt, macht ihr Leben umso anstrengender. Ein Clown würde sagen: „Schade. Erst lernen wir Laufen und Sprechen – und dann still sitzen und den Mund halten."

Clowns kommen denn auch am schlechtesten weg bei Menschen, die sich zu sehr in der Gewalt haben. Das würde ja auch sogleich ihr eigenes Selbstbild in Frage stellen. Denn Clowns verstehen es, sich zwischen unterschiedlichen sozialen Realitäten scheinbar spielerisch hin und her zu bewegen. Sie verbinden, statt wertend zu trennen. Ja, sie sind die Schmiere im knarrenden Getriebe der Welt. Wem ringt ihre Botschaft nicht Respekt ab: Es ist so leicht gelacht wie geschrien.

Chapeau!

Vom Ja und Nein

Ach, was könnte es uns doch „eigentlich" gut gehen, wenn da nur nicht immer dieses versteckt nagende Gefühl wäre, es möglichst allen recht zu machen. Ja: Froh zu sein, bedarf es wenig – aber ... Käme nur nicht immer dieses störende *Aber* dazwischen.

Gerne möchten wir ja, dass alle froh sind, nur wir selbst werden dabei so recht nicht froh ... Kaum das man selbst froh ist, seine Ruhe zu haben, will schon wieder jemand was von uns. Und dann? Dann sage da einer mal Nein ... Das Dilemma ist:

Wer nicht aufrichtig Nein sagen kann,
wird sein Ja nicht lange halten können.

Ein falsches Ja macht schwankend, fahrig, nervös und unzufrieden. Es signalisiert uns eine Unaufrichtigkeit gegen uns selbst und macht unfroh.

Nicht genug damit, steht dagegen ja auch noch das schlechte Gewissen beim *Nein.* Wir sitzen in der Zwickmühle und wissen keinen Ausweg. Nur eines wissen wir:

Wir fühlen uns dabei nicht wohl. Um diesem Dilemma auf die Spur zu kommen, müssen wir weit zurück in unsere Kindheit.

Ein Nein war immer verbunden mit einem Gefühl der Distanz, Ablehnung und Entmutigung. Ein Ja hingegen bedeutete Zuwendung, Anerkennung und Ermutigung. Das hinterließ in uns gute Gefühle.

Nun ist soziales Lernen instinktiv auf Überleben hin ausgerichtet. Das ist emotionsgesteuert. Sobald wir das Gefühl haben, dass ein bestimmtes Verhalten Distanz statt Nähe zur Folge hat, spielt es kaum noch eine Rolle, ob dieses Verhalten „richtig" ist oder nicht. Wir intensivieren oder wir meiden es. Unbewusst werden wir dabei aber geradezu süchtig nach Verhaltensweisen, die mit angenehmen Gefühlen „belohnt" werden. Sie stärken unsere Selbstbestätigung. Darum können sie gar nicht oft genug wiederholt werden. Wir lernen aber nicht nur durch unsere eigenen Erfahrungen, sondern auch durch Beobachtungen, die im Gehirn Gedankenverbindungen (Assoziationen) knüpfen und auch so wieder, je nach Intensität, unser Verhalten nachhaltig prägen. Froh sein oder nicht froh sein, das kommt nicht von ungefähr ...

Hatten wir Eltern, die bei einem Nein auf Distanz zu uns gingen, also mit negativen Gefühlen reagierten, ist die Wahrscheinlichkeit groß, dass wir uns das „abgeguckt" haben. Das verfestigt sich bei uns dann zu einem eigenen Verhaltensmuster. Das Problem, nicht Nein sagen zu können, ist also ein erlerntes Verhalten mit unguten Gefühlen.

Doch was man erlernt hat, kann man auch – nur jetzt auf umgekehrte Art und Weise – wieder verlernen. Dabei muss aber der Kopf nun die Regie übernehmen. Wir müssen zu dem Verhalten, was wir ändern (verlernen) wollen, auf Distanz gehen.

Schwer? Nicht unbedingt, denn das Zauberwort heißt: Wiederholung. Alles Schwere wird leicht durch Wiederholung.

Vokabeln beispielsweise verfestigen und automatisieren sich durch Wiederholung. Auch die Werbung funktioniert so. Indem wiederholend für ein Produkt geworben wird, glauben Kunden mit der Zeit die Aussagen, verbinden damit sogar angenehme Gefühle – und kaufen den Artikel. Beispiele: „Da weiß man, was man hat." „Man gönnt sich ja sonst nichts." „Nichts ist unmöglich." „Ich fühl mich gut mit ..." „Otto, find ich gut!"

Wiederholende Merksätze heißen Affirmationen. Sie setzen sich im Kopf fest und steuern letztlich unbewusst unser Verhalten.

Je öfter wir uns also selbst (gelenkt durch ungute Gefühle) einreden, nicht Nein sagen zu können, je stärker verfestigt sich in uns das Gefühl, andere würden uns ablehnen. Wir glauben das einfach und hinterfragen gar nicht mehr, ob das auch wohl stimmt. Und so sagen wir automatisch *Ja*, obwohl wir *Nein* meinen ... Zwar haben wir uns damit auf die Schnelle mal wieder Zustimmung und gute Gefühle geholt, doch haben wir die Rechnung ohne den Wirt gemacht. Denn tief in uns nagen nun diese unangenehmen Unzulänglichkeitsgefühle und Selbstzweifel, die den Frohsinn vergiften. Wir fühlen uns nicht wohl dabei – und das Dilemma ist perfekt.

Nun zeichnet sich Erwachsensein aber dadurch aus, dass man sich seiner eigenen Gefühle und Bedürfnisse bewusst ist und entsprechend handelt. So befreit man sich aus infantilen Abhängigkeitsmustern und schafft es, sich anderen Menschen gegenüber zu behaupten. Das Verhältnis zu Nähe und Distanz müssen wir selbst steuern, sonst entgleitet es uns – und mit dem Frohsein gibt's Probleme.

Allein die Annahme, alle anderen müssten auch meiner Meinung sein, macht fimmelig statt froh. Irrig ist auch die Meinung, es wäre schön, wenn alle Menschen mich gern hätten. Kann ich letztlich nur so „richtig froh" werden, werde ich es nie.

Niemand kann es allen Recht machen, umso mehr darf man sich selbst nicht schlecht machen. Ein gutes Selbstbewusstsein nimmt denn auch mehr die eigenen Stärken in den Blick als die Schwächen. Wer nie gelernt hat, überzeugend seine Meinung zu vertreten, darf sich nicht wundern, wenn er herumgeschubst wird.

Wir werden nicht froh(er) dadurch, wenn wir Problemen aus dem Wege gehen. Friede, Freude, Eierkuchen allein garantieren noch keinen Frohsinn. Im Gegenteil. Sich nicht unterkriegen zu lassen und ein situationsgerechtes Verhalten an den Tag zu legen, das verleiht mehr Frohsinn als das Bemühen, es auch ja allen recht machen zu wollen. Wer sich immer falsch verstanden fühlt und sich schmollend ins eigene Schneckenhaus zurückzieht, der steht am Ende gar alleine da.

Je weniger wir gelernt haben Nein zu sagen, umso mehr verstricken wir uns in Probleme. Immer sind die anderen schuld, wenn wir unser Leben nicht so leben können, wie wir es gerne möchten. Hier liegt eine permanente Quelle der Unzufriedenheit.

Ein Nein darf aber kein billiges, trotziges oder gar abwertendes Nein sein. Es darf nicht mitklingen: „Du kannst mich mal". Es ist hilfreich, sich vorher ein Stückchen in den anderen hineinzuversetzen und ihm dann „einerseits" und „andererseits" mitzuteilen, dass ... Nein sagen heißt ja nicht gleich spalten. Die Frage bei einem Nein ist, was ich damit bezwecken möchte. Also heißt es:

— Miteinander reden (und nicht schreien);
— das Nein begründen (und es anderen nicht um die Ohren hauen);
— gegenseitig die Argumente abwägen –
— und einen Kompromiss anstreben.

Es geht nicht immer ohne ein Nein. Es bewirkt aber, dass wir selbst uns noch bejahen können. Und das ist wichtig; denn nur wenn wir das können, hat auch der Frohsinn eine Chance. Sonst geht es uns wie die Nachtigall ...

Die Nachtigall wurde krank und sang nicht mehr. „Sie ist nicht krank", lärmten unwirsch die Spatzen und Krähen, „sie ist nur zu faul zum Singen." Das kränkte die Nachtigall, und sie begann wieder schön zu singen.

„Hatten wir nicht recht?", lachten die Spatzen. Und die Krähen krächzten: „Man höre und staune, von wegen krank!" Und die Nachtigall gab ihre letzten Kräfte, um weiterzusingen – dann starb sie plötzlich.

Da lachten Spatzen und Krähen. Und alle riefen: „Selbst Schuld, diese eingebildete Sängerin. Warum singt sie, wenn sie krank ist ..."

Sich anbiedern, das bringt uns um die eigene Ehre und trübt den Frohsinn. Immer nur *Ja* statt, wenn es sein muss, auch einmal *Nein* zu sagen, das macht krank. So weit darf es nicht kommen.

Wer froh ist, ist frei,
auch wenn er ein Sklave ist.
Der Mürrische ist ein Sklave,
auch wenn er ein König ist.

Augustinus von Hippo (354–430)

Selbstbejahung

Alles was nicht ganz – mit Kopf und Herz – bejaht ist, belastet irgendwann. Dieses (nicht immer ganz einfache) Ja zu den gegebenen Lebensbedingungen löst aus den Zwangsvorstellungen eigener Einschränkungen, die wir an unsere Glückserwartungen stellen. Sie schüren mit einem verbissenen Entweder-Oder-Denken entweder Trotz oder sie münden in Selbstmitleid und Resignation.

Verbissenheit kann zwar Leistung fördern, bremst aber ein frohes Tun. Zwar mögen sie Sieger sein, die es dennoch mit dem Kopf durch die Wand geschafft haben, aber ob sie auch richtig froh sind, das sei dahingestellt.

Kommt das Ja nicht von Herzen, piekt es irgendwann. Vage Zweifel und Unzufriedenheit melden sich. Deutlich zeigt sich das in dem zwanghaften Verhalten, sich mit anderen zu vergleichen. Umso mehr stellt sich die Frage nach der Grundmotivation. Man kann auch im Leistungsrausch auf der Strecke bleiben. Und das passiert oft, wenn keine Zeit mehr für „ein schönes Leben" bleibt. Dann werden die Zähne nur noch zusammen gebissen, statt immer mal wieder froh zu lachen. Ja, das heilende Wort heißt: Frohsinn.

Fehlt es am Frohsinn, wird Leistung zum Rackern. Es mindert die Selbstbejahung. Sie wird dem Konkurrenzkampf untergeordnet. Das bleibt auf Dauer nicht ohne Folgen.

Hier soll nun nicht der Gleichgültigkeit oder dem dicken Fell das Wort geredet werden. Nein. Gleichgültigkeit macht nur stumpf, froh jedenfalls nicht.

Erstrebenswerte Ziele, grundsätzlich bejaht, lassen uns aufblühen. Können wir uns mit etwas *ganz* identifizieren, geht es uns gut.

Wollen wir aber etwas, was tief in uns die eigene Identität in Frage stellt oder unsere Möglichkeiten übersteigt, regt sich innerer Widerstand. Es kommt zu einem Lebensstil, der von Kampf und Krampf geprägt ist. Dabei kommen die angenehmen Seiten des Lebens zu kurz.

Ohne ein ganzes Ja wollen wir nicht das uns Genehme, das Richtige, das uns Förderliche, sondern wir wollen von dem Einen (Macht, Erfolg, Geld) auch noch zuviel. So wird das freie Wollen zum belastenden Sollen überdehnt. Statt ausgeglichen und froh, fühlen wir uns gereizt, gestresst, ja, unfrei. Instinktiv leiden wir an einer eingeschränkten Selbstbejahung.

„Ich will", das Wort ist mächtig.
„Ich soll", das Wort ist schwer.
Das eine spricht der Diener,
das andere der Herr.
Lass beides eins dir werden
im Herzen ohne Groll;
denn Frohsinn stirbt auf Erden
im Wollen, was man soll.

Zu wenig und zu viel (besonders bei dem, was wir begehren), in diesen Extremen wird der Frohsinn des Lebens auseinandergerissen, geopfert.

— Wir jagen nach Vollkommenheit und leiden zugleich an unserer eigenen Unvollkommenheit.
— Wir meinen, ja keine Fehler machen zu dürfen und verwechseln die Perfektion mit der eigenen Selbstbejahung.

— Wir fühlen, dass es dabei unter dem Deckel brodelt.
— Wir sind zwischen Arbeit und Freizeit hin- und hergerissen.

Der Burnout droht. Ohne Selbstbejahung liegen unsere Kräfte entweder brach oder sie werden (durch Perfektionismus) zerschlissen. Nichts macht mehr Freude. Immer hat man an sich (und anderen) etwas auszusetzen, egal ob Alter, Art ... Kein ganzes Ja, nur ja, aber. Aber wer ist schon vollkommen?

Das Schattengedicht

Verschieden sind die Menschen alle,
so viele man auch sieht und zählt –
doch gemein in jedem Falle
ist allen eins auf dieser Welt:

Es folgt bei jedem Schritt durchs Leben,
von weit, weit her ein stiller Gruß
vom Schatten, dem es ist gegeben,
zu weichen nicht von uns'rem Fuß.

Er geht mit uns durch alle Weiten,
die je der Mensch durchschreiten mag –
und weichet nie von uns'ren Seiten,
bis hin zum letzten Lebenstag.

Zu leben gilt's mit dem Begleiter,
denn abzuschütteln ist er nie,
und jeder Mensch, ob ernst ob heiter,
hat sich zu fragen: Wie?

Zur Sonne stellt sich einer so,
dass sie ihm schön scheint ins Gesicht,
und er versonnen fragt nur: Wo?
Ich sehe meinen Schatten nicht!

So glaubt er gern, er habe keinen,
er strahle nur im hellen Licht.
Doch sollt er das nicht immer meinen,
sein Schatten, er verlässt ihn nicht!

Ein and'rer stellt sich vor die Wand,
so ist der Schatten hinter ihm.
Doch hat dabei er nicht erkannt:
Wie sollt' er so durchs Leben zieh'n?

Auch eilt so mancher hin zum Wasser
und steht am Ufer zu dem Zweck,
dass so sein Schatten wird viel blasser.
Vielleicht fließt er sogar mit weg?

Ach, man sollte niemals glauben,
und strengt man sich auch noch so an,
sich ganz des Schattens zu berauben –
nicht einen gibt es, der das kann.

Denn irgendwann, da kommt die Zeit,
da endet es hier, unser Leben.
Die Sonne scheint dann endlos weit –
und Dunkelheit wird uns umgeben.

Doch ist bezeugt an mancher Stell':
Am Tunnelende leuchtet dann
ein Licht, so herrlich strahlend hell,
dass kein Schatten mehr bestehen kann …

nach Thomas A. Frings, aus: Worte in den Wind gesprochen, unveröffentlichtes Manuskript, Freckenhorst, 1988

Solange wir leben hat jeder seinen Schatten. Es heißt schon richtig: „Zu leben gilt's mit dem Begleiter, denn abzuschütteln ist er nie ..."

Keiner ist vollkommen. Darum bejahe auch das ganz, was du *eigentlich* nicht so sehr an dir magst. Sonst ergäbe das ja doch bloß wieder ein: „Ja, aber ..." Ein „Ja, aber ..." nagt an der Selbstbejahung.

Was wäre das aber für eine Selbstbejahung, in der doch nur ein verkapptes Nein steckt? Immer wenn wir uns über uns selbst ärgern, liegt darin zugleich eine Botschaft, etwas zu ändern, zum Guten hin zu verwandeln. Es steckt darin aber immer auch die demütige Botschaft: „Nimm dich so an, wie du bist. Denn auch dein Schatten gehört zu deinem Leben." Schauen wir auf die Clowns.

Stets vermitteln uns frohsinnige Menschen einen Hauch von Freiheit, verbunden mit dem Gefühl, sich nicht verstecken zu müssen. Frohsinn ist nicht möglich durch den Mut zur eigenen Unvollkommenheit, den Mut, sich nicht verschämt wegdrücken zu müssen vor dem Unangenehmen der eigenen Wesensart. Das ist gut so.

Wir können nicht nur Teile an uns bejahen. Wir müssen uns schon ganz selbst bejahen. Denn erst das, was ich annehmen kann, kann ich auch verwandeln. Ehrliche Annahme eröffnet immer auch einen Heilungsweg.

Gerade dadurch ist es möglich, mit einem Makel froh zu werden. Das hält uns besonders in Krisen aufrecht und erhält uns unseren Frohsinn.

Ein Zeichen frohsinniger Menschen ist es, dass sie sich nicht verbiegen und sich selbst auch nicht verleugnen. Wer kann denn schon aus seiner Haut? Wer schafft es denn, ständig über seinen eigenen Schatten zu springen?

Auch ist kein Mensch zu einem erbbiologischen Wechsel in der Lage. Es gibt keinen Menschen, in dem ganz und gar alles gut wäre. Das von sich selbst zu meinen, hätte nicht nur größenwahnsinnige Züge, sondern würde unsoziales Verhalten fördern.

In jedem Leben haben sich manch negative Neigungen verfestigt, die nichts mit Schuld zu tun haben, sondern durch Akzeptanz entweder neutralisiert oder, wenn sich störende Beeinträchtigungen zeigen, verwandelt werden wollen.

Sie zu verteufeln würde durch versteckte Scham oder neurotische Abwehrmanöver alles nur noch schlimmer machen. Mangelnde Selbstbejahung verführt dazu, immer etwas verbergen zu müssen und nicht frei und froh sein zu können.

Die Folge ist, dass gerade diese Menschen zu Verabsolutierungen neigen, zu einem Schwarz-Weiß-Denken, wo für Schattierungen kein Platz ist. Es heißt dann: „Ich kann alles verzeihen, nur nicht ...“ Ein verhängnisvoller Satz, an die eigenen Bedingungen gekettet und andere in die Zange nehmend – oft sogar religiös begründet. Falsch.

Jesus selbst sagte, derjenige solle den ersten Stein nehmen, der selbst ohne Tadel sei (Joh 8, 7). Und einer der vier großen lateinischen Kirchenlehrer der Spätantike, der hier schon mehrfach zitierte Heilige Augustinus (354–430), predigte:

Es gehört zur Ordnung des Menschen,
manchmal nicht in Ordnung zu sein.

Wenn das nicht tröstlich ist ... So können auch nur frohsinnige Menschen immer auch ein Auge zudrücken. Das tut nicht nur gut, das sogar eine belebender Heilungsqualität.

Gibt es denn irgendeinen Menschen, der sich aus einer misslichen Situation nie einmal herausreden wollte? Wie muss dann erst der moralisierende Satz verbittern: „Ich kann alles verzeihen, nur nicht ...“

Frohsinn statt Bitterkeit aber vermitteln sogleich die gutwilligen Erwiderungen: „Wir sind alle nur Menschen. Vergessen wir‘s. Ist schon wieder gut.“ Oder: „Halb so wild, wird schon wieder.“

Das ist kein „Ja, aber ...“, das ist ein ganzes Ja. *Froh,* weil nun alles wieder in Ordnung ist, ziehen sich denn auch gleich die Mundwinkel wieder nach oben.

Das Ja bedeutet auch, damit aufzuhören, über den nicht zu ändernden Lauf der Dinge Kontrolle ausüben und sich in abstrusen Schicksalsgefechten beweisen zu wollen. Also:

Nimm das Leben, wie es ist
und denke nicht, so könnt' es sein.

Fluche keinem deiner Tage.
Was du ertragen musst, ertrage.

Was auch immer dir begegnet:
Segne, und du bist gesegnet.

Gut leben bedeutet
einen guten Umgang mit der Welt.

José Ortega y Gasset (1883–1955)

Liebe, und dann tue, was du willst

Wir alle verstecken unser Begehren hinter kalkulierten Absichten. Das ist auch nicht gleich verwerflich, doch sollte uns klar sein: Geht die Kalkulation nicht auf, hängen die Mundwinkel nach unten. Das ist die Gefahr einer nutzorientierten Grundmotivation (siehe hierzu auch noch einmal die Geschichte von Hans und Franz, S. 35).

Wir blocken ab vor Akzeptanz und Wandlungsmöglichkeiten; sie stören ja nur ... Denken und handeln wir aber weitgehend absichtslos, aus einer sinnorientierten Grundmotivation heraus, kann uns auch so leicht nichts kränken. Weil wir nicht so sehr einseitig festgelegt sind, sind wir für umso mehr für Wandlungsprozesse, neue Denk- und Handlungsanforderungen offen. Gandhi (1869–1948) beschrieb das einmal so:

„Weil wir uns selbst von vorn herein mit in die Veränderung einbeziehen, sind uns mögliche Verwandlungen willkommen."

Das macht zuversichtlich statt frustriert, froh statt ängstlich. Es ließe sich auf fragen: „Macht das nicht erst liebesfähig?"

Liebe erwartet oder verlangt nicht etwas, sondern sie vertraut einfach den akzeptierten (bejahten) Gegebenheiten des Lebens. Insofern ist auch die Liebe alles – und ohne die Liebe wäre alles nichts.

Gerade wegen dieser Überhöhung aber schleicht sich oft Skepsis ein, „die Liebe" ganz einfach mit unserem alltäglichen Tun in Verbindung zu bringen. „Die Liebe" wird ja gleich so glorifiziert, dass wir gar nicht wissen, wie wir sie konkret in unser Denken und Tun umsetzen könn(t)en. Dabei wäre wieder einmal ein Satz des Augustinus von Hippo (354–430) hilfreich:

Liebe – und dann tue, was du willst!

Was heißt das? – Rede nicht einfach herum. Tue nicht einfach was, „was man so tut". Nein. Suche das Wesentliche zu ergründen. Es kommt auf die Überlegung an, warum wir etwas so und nicht anders tun. Lassen wir uns dabei von guten Gefühlen leiten, sagt uns das Herz schon: Liebe, und dann tue, was du willst!

Was für ein Satz! Nicht nur die Mundwinkel ziehen sich dabei nach oben – der ganze Mensch wird aufgerichtet.

Die Geschichte von Emil und Erich

Es waren einmal zwei Jungen. Sie wohnten in einem Stadtviertel, nicht weit voneinander entfernt. Emil war groß und Erich war klein.

Als Erich aus dem Hause ging, stapfte er sogleich vor dem Haus vergnügt in eine Pfütze. Da rief ihm seine Mutter nach: „Du Schmierfink! Pass auf deinen Schulranzen auf, dass er keine Flecken bekommt! Du weißt ja, die Oma hat ihn dir geschenkt. Und wenn der Ranzen schmutzig wird, wird die Oma böse."

Nun ging Erich ganz vorsichtig und gebeugt, um ja nicht noch einmal in eine Pfütze zu treten. Er wurde einen Zentimeter kleiner.

Emils Mutter aber sagte zu ihrem Sohn: „Wie hübsch du aussiehst mit dem alten Schulranzen!" Und sie verriet ihm: „Weißt du, mit dem ging schon dein großer Bruder zur Schule; man sieht es an den vielen Flecken. Du kannst stolz sein, mit einem Schulranzen zu laufen, mit dem man durch dick und dünn gehen kann."

Da streckte sich Emil und ging frohgesinnt zur Schule. Er war um einen Zentimeter größer geworden.

Als sie heimkamen, machten sie die ersten Schulaufgaben, eine Seite mit lauter Strichen, die gerade sein sollten. Erichs Mutter sprach:

„Oh, das muss aber anders werden mit dir. So ein Gekritzel! Zwar sind einige Striche gerade, aber schau nur, diese beiden sind ja ganz krumm!" Sie zerriss die Heftseite, und Erich musste alles noch einmal neu schreiben.

Damit auch kein Strich daneben ging, krümmte Erich sich über das Blatt – und wurde wieder um einen Zentimeter kleiner.

Emils Mutter sah bei ihrem Sohn viele Kritzelstriche auf der Seite. Sie lachte herzhaft und sagte: „Jaja, alles nicht ganz einfach, aber du schaffst das schon. Schau mal da, da sind ja schon zwei Striche schön gerade geworden. Die hast du aber gut hingekriegt!“ Sie klopfte ihm sanft auf die Schulter und Emil wuchs wieder um einen Zentimeter.

Anderntags mussten sie ein Lied singen.

Erichs Vater schlug die Hände über den Kopf zusammen und stöhnte: „Oh je. Das ist doch kein Singen! Was ist bloß los mit dir? Wieso kannst du denn nicht singen?“

Beschämt blickte Erich nach unten – und wurde wieder einen Zentimeter kleiner.

Auch Emils Vater hörte seinem Sohn zu. Munter meinte er: „Hast‘e Töne! Jaja, jeder fängt mal klein an. Aber man hört‘s, du singst richtig gerne. Üb nur, dann wird aus dir noch ein toller Sänger.“ Emils Augen leuchteten – und er wuchs wieder einen Zentimeter.

So ging es Tag für Tag.

Erich kannte bald alle seine Fehler. Emil dagegen freute sich über seine Stärken. Er steckte voller Hoffnung und sprühte vor Frohsinn. Viele Leute freuten sich, wenn sie ihn sahen. Erich aber schaute traurig drein und ging gebeugt durchs Leben. Er sagte nie ein liebes Wort und die Leute mieden ihn.

Würde er doch einmal nur noch Emil begegnen. Emil war ein lieber Kerl geworden und schaute fröhlich und zuversichtlich drein. Sein Mut und Frohsinn hatte was Überschüssiges und würde noch für zwei reichen ...

Liebe bejaht. Liebe heißt: Ja-sagen-können. Liebe selektiert nicht; sie misst nicht mit zweierlei Maß. Im menschlichen Miteinander wird Liebe deutlich in einem einfachen Satz: „Schön, dass es dich gibt."

„Liebe, und dann tue, was du willst", das erspart jedes vordergründige Auftrumpfen. Ohne Liebe wird alles anstrengend. Ohne Liebe keine Freude am Erfolg. Ohne Liebe kein Frohsinn. Ohne Liebe ist alles nichts.

Es ist, um mit Willigis Jäger (* 1925) zu sprechen, wie mit der Welle und dem Meer. Für sich gesehen ist die Welle beeindruckend. Und doch ist die Welle nichts für sich, sie ist nicht außerhalb des Meeres. Die Welle ist ja nicht das Meer. Und doch ist die Welle das Meer. Aber das Meer ist mehr als die Welle ...

Ja, dieses Beispiel hat auch eine religiöse Dimension ... Und ähnlich wie das Meer ist auch die Liebe; wie das Meer ist sie alles. Die Zeichen der Liebe sind nicht die Liebe. Und doch sind die Zeichen der Liebe Liebe. Doch nur bedacht auf die Zeichen lebten wir „wellenorientiert", heute so, morgen so. Froh würden wir dabei letztlich nicht. Immer stolperten wir über ein „Ja, aber."

Die Liebe kennt kein Aber. Dafür setzt sie innere Orientierung voraus. Wie? Beispielsweise wurde früher in der Seefahrt der Polarstern angepeilt, um sich auf dem weiten Meer nicht zu verirren.

Man hielt nach dem Polarstern Ausschau, um sich zu orientieren, nicht um ihn zu erreichen. Das wäre ja Unsinn. Aber immer wieder auf ihn zu schauen war wichtig, um sicher die Richtung halten zu können.

Wie der Polarstern für die Seefahrt, so orientiert sich die Liebe am Urvertrauen. Fehlt es an Blickrichtungen, die uns Sicherheit und Vertrauen schenken, schleichen sich Sorgen und Ängste ein; Vertrauen schwindet, das Selbstvertrauen leidet, die Fehlerhäufigkeit nimmt zu, Verbissenheit nistet sich ein, Stress weitet sich aus ... Wir schaffen zwar was, aber wir funktionieren nur dabei, halten uns soeben über Wasser. Frohsinn? Fehlanzeige. Dafür rudern wir umso kämpferischer und erschöpfter in unserem Leben herum. Im Kampf gibt es Rivalen. Also häufen sich Vorbehalte und Ressentiments.

Wir schauen nur auf uns und andere. Kein Blick nach oben. Jeder rudert für sich herum, meist auch noch mürrisch und verbissen. So bleibt jeder in seinen Ressentiments gefangen. Damit schließt sich der Kreis. Man rudert sich quasi zu Tode und jeder fühlt sich auch noch als Opfer. Das soll's gewesen sein? Oh je ... Wo ist er, der Polarstern?

Er könnte auch uns Beispiel sein. Wir können ihn nicht fassen. Warum auch? Er strahlt ja nicht nur für uns allein, er strahlt für alle. Kostenlos, einfach so ... Dabei gibt er Licht im Dunkel und Geleit im Ungewissen.

Man muss nur hin und wieder „nach oben" schauen. Das bewahrt davor, nur herumzurudern. Es bewahrt vor Engstirnigkeit und kleinkariertem Denken.

Auch die Liebe zeigt sich erst im großzügigen Denken. Das wusste auch schon Annette von Droste Hülshoff (1797–1848):

Nichts ist kläglicher
als Zuneigung in zu engen Schuhen.

Wenn wir uns grundsätzlich glücklich und zufrieden schätzen mit Menschen, die uns viel bedeuten, warum kritisieren wir dann so viel und nörgeln so oft an Kleinigkeiten herum? Wann hingegen haben wir lieben Menschen das letzte Mal gesagt, dass wir *froh* sind, sie zu haben, ja, dass wir sie lieben?

Laufen auch wir in schicken, aber – oh je! – doch zu engen Schuhen? Warum nicht eine Nummer größer? Davon abgesehen läuft es sich in Schuhen erst am besten, wenn sie gut eingelaufen sind.

Wahre Freundschaft und Liebe zeigt sich erst, wenn man gemeinsam schon was durchgemacht, etwas Kritisches überwunden hat.

Froh zu sein, das heißt ja nicht, permanent „gut drauf" zu sein. Probleme und Missverständnisse sind unvermeidlich. Werden sie aber nicht geklärt, werden sie uns zur Last. Dann sehen wir vor lauter Wolken den Polarstern nicht mehr. Er ist aber da ...

Kleben wir „hier unten" also doch nicht aus gespreizter Eitelkeit nur an uns selbst, an unserem verletzten Hochmut, an Unversöhnlichem, an der Zwietracht. So verscheuchen wir nicht nur den Frohsinn, sondern wir tun uns selbst und anderen auch noch weh.

Ja, es mag in mir rumoren, auf eine Versöhnung hin den ersten Schritt zu tun. Man könnte mir ja die kalte Schulter zeigen. Und dann? Nichts. Dann eben nicht. Aber ich habe es versucht, mehr konnte ich nicht tun. Alles andere ist nicht mehr meine Sache. Ich bin mit mir wieder im Reinen. Und *froh*, mich nicht länger mehr mit Wut und Ärger herumschlagen zu müssen, kann ich befreit wieder tun und lassen, was ich will. Ja: Froh zu sein, bedarf es wenig – doch liebe! Dann tue, was du willst. Und du fühlst dich wie ein König.

Es gibt nur eine Macht auf Erden, das ist die Macht der Liebe

Pflicht ohne Liebe macht verdrießlich

Verantwortung ohne Liebe macht anmaßend

Gerechtigkeit ohne Liebe macht hartherzig

Wahrheit ohne Liebe macht verletzend

Verzeihung ohne Liebe macht nachtragend

Hilfe ohne Liebe macht abhängig

Bildung ohne Liebe macht überheblich

Sachkenntnis ohne Liebe macht besserwisserisch

Tatkraft ohne Liebe macht verbissen

Zielstrebigkeit ohne Liebe macht unglücklich

Ordnung ohne Liebe macht kleinlich

Besitz ohne Liebe macht rücksichtslos

Macht ohne Liebe macht gewalttätig

Glaube ohne Liebe macht fanatisch

Nächstenliebe ohne Eigenliebe macht krank.

Nach Laotse (604–531 v. Chr.)

Wo das Haus voll Frohsinn ist,
kehren Gesundheit und Glück gerne ein.

Das Glück

Glück ist gar nicht mal so selten,
Glück wird überall beschert.
Vieles kann als Glück uns gelten,
was das Leben uns so lehrt.

Glück ist Frohsinn, trotz der Pfunde,
Glück ist Barfußgehn am Strand.
Glück ist Spaß in froher Runde,
Glück ist eines Menschen Hand.

Glück ist jeder neue Morgen,
Glück ist bunte Blumenpracht.
Glück sind Tage ohne Sorgen,
Glück ist, wenn man trotzdem lacht.

Glück ist Singen, Tanzen, Scherzen,
Glück ist Arbeit, die erfreut.
Glück ist Tätigsein von Herzen,
Glück ist immer da, auch heut.

Glück ist Kerzenschein beim Beten,
Glück ist Lauschen in die Still'.
Glück ist auch mal leisetreten,
Glück ist tun, was man gern will.

Glück ist niemals ortsgebunden,
Glück kennt keine Jahreszeit.
Glück hat immer der gefunden,
der zum Glück auch ist bereit.

Von Otto Pötter

Ein Leben ohne Frohsinn macht krank

Dass Gesundheit und Frohsinn sich einander ergänzen, ist unschwer an ausgeschlafenen und übermüdeten Menschen zu erkennen. Zeigen sich ausgeschlafene Menschen mehr oder weniger frisch und froh, gelingt den unausgeschlafenen Gähnern so gerade noch ein müdes Lächeln. Um von Herzen froh sein zu können, ist ein gutes Gesundheitsbewusstsein mehr als nützlich. Ein Spruch sagt es so:

Die Gesunden und die Kranken
haben ungleiche Gedanken.

Ein Leben ohne Frohsinn macht krank. Sebastian Kneipp (1821–1897) lehrte eine Gesundheit aus ganzheitlicher Sicht durch fünf ineinander übergreifende Therapieformen. Es sind die Hydrotherapie (Wasseranwendungen), Ernährungstherapie, Phytotherapie (Heilpflanzenanwendungen), Bewegungstherapie (Sport, Gymnastik) und nicht zuletzt die Ordnungstherapie. Kneipp meinte:

„Die Ordnungstherapie ist die große Klammer, ohne die alle anderen Therapieformen nicht die gewünschte Wirkung zeigen." Also: Psychohygiene als Heilmittel!

Sind Kopf, Herz und Seele *in Ordnung,* dann gedeiht der Frohsinn wie von selbst; dazu bedarf es dann tatsächlich nur noch wenig. Und mit dem Frohsinn als Lebensbegleiter kann uns so leicht nichts aus der Bahn werfen. Dann fühlen wir uns sicher auch noch gut, wenn es uns körperlich vielleicht nicht so gut geht. Wie das möglich ist?

Der Körper ist der Resonanzboden unserer Gedanken und Gefühle. Zuversicht, froh machende Gedanken, angenehme Gefühle und belebende Aktivitäten stärken den Organismus; Missmut und Trübsinn schwächen ihn. Ärzten fällt auf, dass immer dann die Praxen besonders voll sind, wenn am Tage zuvor durch die Medien irgendwelche dubiosen Unheilsmeldungen geisterten.

Da die Vorsicht nun aber bekanntlich die Mutter der Porzellankiste ist, sollten warnende Hinweise auch nicht generell gleich in den Wind geschlagen werden. Doch wie bei allem im Leben, kommt es auch hier auf die Seriosität der Information an.

Ist diese nicht gesichert, ist es Humbug, sich den Kopf nur noch mit bedrohlichen Gedanken und Szenarien vollzustopfen. Dann darf sich auch niemand über eine sich selbst erfüllende Prophezeiung wundern, die dann, im Mantel der verschiedensten Symptome, tatsächlich im Kranksein endet.

„Die ständige Sorge um die Gesundheit ist auch eine Krankheit." Platon (427–348 v. Chr.) sagte das. Sie setzt uns Grillen in den Kopf und vertreibt den Frohsinn. Sagen wir uns lieber öfter:

Gesundheit und froher Mut
ist des Menschen höchstes Gut.

Das beginnt mit einer individuell für gut erachteten Psychohygiene. Sie blendet Krankheitsrisiken nicht aus, zielt aber in erster Linie auf das Gesundmachende, Bejahende, nicht auf das Krankmachende, das Ablehnende.

Aaron Antonovsky (1923–1994) entwickelte daraus eine Gesundheitslehre mit der Bezeichnung Salotugenese, was soviel heißt wie Gesundheitsentstehung (lat. salus, Gesundheit, Wohlbefinden und gr. -genese, abgeleitet vom biblischen Begriff der Genesis, Ursprung, Entstehung). Er kam darauf durch Studien an Frauen, die die Greueltaten und Schrecken der Konzentrationslager weitgehend innerlich stabil überlebt hatten. Sie vertrauten übersinnlichen Kräften und bewahrten sich trotz extremer Stressoren ihr „seelisches Heilsein".

„Fehlt" uns etwas, sehen wir uns üblicherweise als unvollkommen, hinfällig, eben hilfe- und zuwendungsbedürftig. Das zeigt sich entsprechend in unserem Verhalten. Wir fühlen uns nicht gut. Wir fordern, wollen dies nicht, wollen das nicht und sind unzufrieden.

Daraus erwachsen Ansprüche an andere, die diese zu leisten aber häufig nicht in der Lage sind. Und so fühlt man sich vernachlässigt; nichts ist richtig, nichts gut genug und an allem gibt es etwas auszusetzen. Von morgens bis abends wird gestöhnt und genörgelt.

Klagen
bringen neue Plagen.
Angst jedoch zerbricht,
an glaubensstarker Zuversicht.
Das lässt zuversichtlich Gutes wagen –
auch gar noch in schweren Tagen.

Angst kommt aus dem lat. angere und bedeutet soviel wie Enge. Zuversicht hingegen weitet das Gemüt – und gibt neuen Mut. Frohsinn weitet Herz und Seele. Das schärft die Sinne für Stärkendes, für das Schöne und Gute. Das erfüllt mit angenehmen Empfindungen. Das wiederum regt umso mehr zu frohsinnigem Denken und Handeln an. Was könnte uns dann noch „fehlen"?

Während meiner Zeit bei den Otomí im Hochland von Mexiko, konnte ich die Heilungsrituale der Medizinmänner und Schamanen aus nächster Nähe beobachten.

Jede Krankenbehandlung begann zunächst mit einer *Limpieza* (Reinigung). Ohne den Patienten zu berühren, bestrich dabei der Heiler unter leise murmelnen Gebeten mit einem ausgesuchten Kräuterbüschel die Hautoberfläche des Körpers (Aura), was letztlich mit längeren kreisenden Bewegungen über und um den Kopf herum endete. Warum? Zitat einer Heilerin: „Um den Kopf von schlechten Gedanken und Empfindungen zu reinigen ..."

Es steht hier nicht die medizinische Effektivität im Vergleich zu einer Behandlung mit einem „richtigen Arzt" zur Debatte. Darum geht es nicht. Es zeigen sich aber in diesen intuitiven Heilmethoden von Naturvölkern frappierende Übereinstimmungen mit C. G. Jung und seiner These vom „kollektiven Unbewussten" sowie Albert Schweitzers Hinweise auf die „Heilkraft des inneren Arztes". Das heißt:

Die eigentliche Heilung beginnt im Kopf. Therapeutische Erfolge bedürfen auch einer zuversichtlichen Einstellung des Patienten. Deshalb ist die rituelle Reinigung schlechter Gedanken in der alten indigenen Heilkunst Grundvoraussetzung jeglicher Gesundung. Mich hat das tief beeindruckt.

Noch heute staune ich beim Anblick alter Fotos über die frohen, lachenden Gesichter der Otomí. Und doch, dort wo sie leben, in der kargen Halbwüste des Mezquitals, sind ihre Lebensbedingungen alles andere als lebensfreundlich. Ungeachtet dessen strahlen sie Zuversicht, Frohsinn und Lebensfreude aus. Obwohl sie so gut wie nichts haben, sind sie gastfreundlich, großzügig und herzlich. *„Bién"*, *gut,* ist eines ihrer Lieblingswörter – und man glaubt es ihnen gerne. Es ist das Zauberwort für ihren nie versiegenden Frohsinn.

Auch gerade in Krankheit und Krisen brauchen wir mehr dieses Zauberwörtchen *„gut"*, diesen Schlüssel zum guten Mut.

Wir brauchen mehr Zuspruch statt Zähneklappern, mehr Sorgfalt statt Sorgen, mehr Beruhigung statt Bestürzung. Es ist gut, dafür Hilfe in Anspruch zu nehmen. Nur sollten wir bei aller Suche nach Hilfe nicht vergessen, auch in uns selbst „den inneren Arzt" zu aktivieren. Das beginnt damit, zunächst einmal den Kopf zu reinigen; zu reinigen von allen bedrückenden Befürchtungen. Sie existieren ja nur in unserem Kopf und führen zu bitteren Selbstvorwürfen oder aufgebrachten Anklagen. Das zeigt sich auch durch die Art und Weise, wie wir selbst mit uns reden, ja, was wir uns alles so einreden.

Da liegen beispielsweise zwei Unfallopfer im Krankenhaus, beide mit einem Beinbruch. Einer stöhnt: „So ein Elend, jetzt muss ich mich hier auch noch mit Krükken abquälen."

Der andere aber freut sich und sagt frohgemut; „Toller Fortschritt, ich kann schon wieder mit Krücken laufen."

Optimismus fördert Heilung, Pessimismus lähmt sie.

Unser Körper reagiert aufs Feinste auf unsere inneren Regungen, ausgelöst durch Gedanken und Gefühle.

Wer sich selbst einmal genau beobachtet, merkt das ganz einfach am eigenen Atem, weil gerade der Atem das Bindeglied zwischen unserem Bewusstem und dem Unbewussten ist. Psychoanalytiker betonen nicht umsonst, dass die Atembewegungen eine tiefe symbolische Bedeutung haben:

Beim Einatmen verinnerlichen wir ein Stück Außenwelt und geben beim Ausatmen einen Teil der Innenwelt nach außen hin ab. Hierdurch gewinnt der Atem in unserer Erlebniswelt eine zentrale Bedeutung.

Am stockenden, beengten Atem merken wir unsere Unsicherheit und Angst. Am ruhigen, tiefen Atem unsere innere Ausgeglichenheit und Zuversicht. Das stärkt, beruhigt und macht gelassen, zuversichtlich und froh.

Das wiederum wirkt sich auch auf unsere Stimme aus. Die Stimme verrät über uns mehr als die Augen. Wenn es heißt, der Körper lüge nicht, ist daraus allerhand zu folgern.

Sind wir wütend, gestresst, so spannen sich die Kehlkopfmuskeln an. Durch die Stimmlippen muss die Luft mit mehr Druck gepresst werden. Nun fehlt den Worten der weiche Klang, wir werden automatisch lauter, die Körperhaltung verändert sich und eine aggressive *„Stimmung"* kommt auf. Fühlen wir uns niedergeschlagen und lassen uns hängen, erschlaffen die Kehlkopfmuskeln.

Damit fehlt den Stimmlippen die nötige Artikulationsspannung für eine ansprechende Ausdrucksweise. Die Sprache wird tonloser und wirkt, oft mit stockenden Pausen, kaum noch überzeugend.

Sind wir aber froh gestimmt und zuversichtlich, klingt sogleich auch unsere Stimme angenehmer. Die *„Stimmung"* hebt sich.

Man hört einander gerne zu und das ganze Ambiente lockert auf. Die Mundwinkel gehen nach oben; es macht froh, einander zuzuhören. Und gleich sieht die Welt um vieles besser aus.

Der Atem zeigt uns auch, wie weit wir „dicht machen müssen", um die Kontrolle nicht zu verlieren. Dabei steht das Einatmen für das Machtsymbol des Willens und das Ausatmen für Ruhe und Gelassenheit. Man versuche nur einmal, auf den Tisch zu hauen und dabei entspannt auszuatmen. Das ist kaum möglich.

In der Disharmonie dieser beiden Pole (Ein und Aus) sieht die Psychosomatik denn auch die Ursachen vieler Krankheiten. Sagen wir uns in der Ruheatmung also öfter: „Ich atme Kraft ein – und alles Belastende aus ..."

Nicht umsonst wird beklagt, dass als Zeichen übergroßer Disziplin vom sogenannten modernen Menschen verlangt wird, „die Luft anzuhalten", sich also „in der Gewalt" zu haben. Genau deshalb fehlt es untereinander oft auch an Frohsinn und Freundlichkeit.

Mehr noch. Unterdrückte, seelisch bedingte Energien suchen sich zwangsläufig andere Kanäle, die dann, nach innen gerichtet, autoaggressiv wirken.

Gerade in Krisensituationen die Gedanken zu reinigen, das erfordert vielleicht mehr Geduld, und mehr Güte statt Gejammer – aber die guten Wirkungen sprechen für sich.

Nicht umsonst lehren seit mehr als zweitausend Jahren alle Weltreligionen die Bedeutung eines gütigen Herzens. Psychosomatisch kann dem nur zugestimmt werden. Es ist bewiesen, dass „offene und liebe Menschen", die sich durch Langmut und Zuversicht auszeichnen, besser leben. Und ihren, von vielen so beneideten Frohsinn können sie sich sogar noch in schweren Lebenslagen bewahren.

Umso mehr fragen wir uns doch einmal, ob nicht wohl ein liebloser Umgang mit uns selbst und mit anderen die eigentliche Stressursache ist. Viel Beklagenswertes geht zurück auf einen Mangel an Weitherzigkeit, Güte und Frohsinn. Darum ist bei genervten Ausrufen wie: „Das macht mich noch krank!“, höchste Aufmerksamkeit geboten. Sonst werden wir möglicherweise wirklich krank.

Schon Griechen und Römer hatten von der Gesundheit eine ganzheitliche Auffassung. Sie sagten:

mens sana in corpore sano.
Ein gesunder Geist wohnt in einem gesunden Körper.

Das ist längst durch die moderne medizinische Wissenschaft bestätigt. Es ist eine Tatsache, dass Gesundheit immer auch sehr stark durch die geistige Haltung mitgeprägt wird und somit Ausdruck eines individuell gewählten Lebensstils ist.

Es ist zwar nicht unwichtig, was wir essen, doch was uns innerlich auffrisst, darunter leiden wir weitaus mehr ... Immer wenn wir meinen, uns fehle etwas, ist das ein Impuls, näher hinzuschauen. Was fehlt denn wirklich?

An guten Ärzten, erprobten Medikamenten, erfolgversprechenden Therapien oder prophylaktischer Physiotherapie fehlt es doch nicht.

Was vielen von uns wirklich fehlt, das ist etwas, was der Seele guttut; etwas, was unser Gemüt „erleichtert“, die Hoffnung in uns stärkt und uns von innen her (immer wieder) aufrichtet; etwas, an das wir glauben können. Eine Erkenntnis von Victor Hugo (1802–1885) sollte uns zu denken geben:

Glauben können
ist möglicherweise nicht ganz einfach;
nichts glauben zu wollen aber ist nicht nur unmöglich,
es tut uns nicht einmal gut.

Wo der Glaube ist, da ist auch Frohsinn und Lachen

Es ist ein Irrglaube zu meinen, „der Glaube"täte sich schwer mit dem Lachen und dem Frohsinn; Glaube, dazu passe mehr, „gebeugt in Sack und Asche zu wandeln". Haben sich solche Klischees einmal in den Köpfen festgesetzt, sind sie daraus nur schwer wieder zu verbannen.

Wie alles im Leben sich wandelt, so wandeln sich auch Glaubenserfahrungen. So wie wir ja auch nicht in überholten politischen Systemen gefangen bleiben, so dürfen wir ebenso wenig in überholten religiösen Auffassungen gefangen bleiben. Leben, das bedeutet, genau hinzuschauen, sich wandeln, etwas weiter zum Guten hin zu verwandeln – und nicht irgendwo in Trotz oder Ressentiments stecken zu bleiben (siehe S. 63). So werden nur die selbst gewählten Opferrollen glorifiziert. Klar ist, wer das Gute in Wandlungsprozessen nicht sehen will, der fühlt sich benachteiligt und sieht nur Probleme. Ist aber der Kopf nur auf Probleme hin fixiert, gärt Unheil.

Das ist so wie mit der Ausländerfeindlichkeit. Wer meint, er würde von Ausländern nur benachteiligt, fühlt sich von morgens bis abends von Ausländern bedroht. Warum? Er achtet nur auf die negativen Begleitumstände des Zusammenlebens und blendet alles andere einfach aus. Nicht genug damit, werden Einzelverfehlungen sogleich verallgemeinert und der gesamten Gruppe angelastet.

Und schon haben wir hier die Bewahrer, dort die Zerstörer; hier die Guten und dort die Schlechten; hier die Klugen, dort die Dummen; hier die Fortschrittlichen und dort die Hinterwäldler. Es kann ja nicht sein, was nicht sein darf ...

„Bei der Kirche“ ist das nicht anders. Und doch, wer kennt schon den Ausspruch:

Wo der Glaube ist,
da ist auch Frohsinn und Lachen.

Diese Feststellung ist nun schon ein halbes Jahrtausend alt und stammt von Martin Luther (1483–1546). Aber nein. Glaube, dazu passt nun mal mehr die mittelalterliche Strenge mit all ihren verstaubten Szenarien von Leibfeindlichkeit und Weltentrücktheit.

Wer glaubt denn heute so was noch? Heute zeigt sich guter Glaube doch ganz anders. Auch hier gilt; man muss das Gute auch sehen wollen. Fragen wir uns doch einfach einmal, wie viele erwachsene Menschen es wohl geben mag, die sich in der Hektik des Alltags noch mehr Action, Lärm und Trubel wünschen? Wenn überhaupt, so wären es sicher nur ganz wenige. Und wie viele Menschen wünschten sich wohl mehr Stille, Ruhe und Besinnung? Gewiss sehr viele. Was zeigt uns das?

Zur Ruhe kommen, Stille genießen können, Zeit zu haben für innere Betrachtung, Meditation, Gebet, das sind menschliche Urbedürfnisse. Wer sie vernachlässigt, macht seine Seele mundtot.

Es gibt viele Orte, wo eine „innerlich reinigende“ Stille und Besinnung möglich ist. Der Wald zum Beispiel schenkt natürliche Ruhe. Seine Bäume, tief verwurzelt und hoch dem Licht entgegenwachsend, schenken der Seele Trost und Kraft zugleich. Und was mag uns, in Ruhe auf einer Friedhofsbank sitzend, bewegen? Eine

Kerze anzuzünden in einer leeren Kirche und das Herz dabei mit innerer Hingabe eine Weile zu öffnen, kann eine nie versiegende Kraftquelle erfahrbar machen.

Viele Klöster bieten Besinnungs- und Einkehrtage an. Landschaftlich zumeist sehr schön gelegen, werden in ihren oft sehr alten Mauern Seiten in uns angesprochen, die wir so in uns noch gar nicht wahrgenommen haben. Nicht umsonst sind Klöster Trutzburgen gegen geistige Verwahrlosung und Energiezentren gegen die geistliche Unterversorgung unserer Gesellschaft.

Nun könnte man fragen: Und was hat das mit dem Frohsinn zu tun? Viel. Sehr viel. Frohsinn ist Ausdruck seelischer Gesundheit. Was möchte denn die Seele?

Die Seele möchte sich verströmen im Staunen über die Wunder des Lebens; sie möchte sich entfalten in der Liebe, so auch in Werken der Nächstenliebe;

... sie möchte sich weiten im Empfinden wunderbarer Musik, im glücklichen Auskosten sinnlicher Genüsse;

... sie möchte sich freuen an den Wundern der Schöpfung, ihren Schöpfer dabei loben und danken;

... sie möchte sich aber auch – und das auf ihre ganz eigene Art und Weise – in diesem irdischen Leben, so gut es geht, schöpferisch wunderbar entfalten.

All das ist ohne Achtsamkeit, Ruhe, Besinnung und Sinnempfinden nicht möglich. So wie die Heiterkeit eine Gelöstheit von Spannungen voraussetzt, so sehr braucht auch der *Froh-sinn* Sinnempfindungen, die aus seelischen Energien heraus aufleuchten. Dabei neutralisieren Gebet und/oder Meditation die aufgewühlten Emotionen, sie klären und stabilisieren den unruhigen Geist und wirken hektischen Zerstreuungen entgegen.

Einfach nur „dasein“ zu dürfen, ohne irgendwelche Bedingungen oder Erwartungen, das stärkt unser Urvertrauen, fördert intuitive „Eingebungen“, fördert innere „Erleuchtungen“ und so etwas wie eine unbeschwerte Zuversicht. Frohsinn stellt sich dann wie von selbst ein; man braucht nichts weiter dafür zu tun. Ist das nicht schön?

Niemand muss sich anstrengen, damit seine Seele sich durch Wohlempfinden und Freude am Leben begeistern kann, die Zutaten und Voraussetzungen dafür sind alle schon gegeben, jederzeit und in jeder Lebenslage.

Bin ich dafür aber nicht innerlich offen, können sie sich mir auch nicht eröffnen. Dann werde ich zum Macher, zum Controller, zum Routinier, dem das Lachen im Halse stecken bleibt, weil er sich angesichts seiner Endlichkeit ja doch letztlich vom Leben nur betrogen fühlt.

All das kann nicht einfach so vom Religiösen getrennt werden. Bedeutet der lateinische Wortstamm *religare* soviel wie Rückbindung, Eingebundensein, so fühlt sich ein religiös denkender und handelnder Mensch denn auch „im Großen und Ganzen verantwortlich eingebunden“; dann ist es eben nicht egal, wie ich lebe; dass ich nur meinen Spaß haben will, mich zerstreue und erlebnishungrig von einem *Event* zum anderen haste. Und schon gar nicht kann es dann heißen: „Nach mir die Sintflut.“

Interessant ist hierbei die Feststellung, dass ausnahmslos fast alle Naturvölker religiös leben und ganz selbstverständlich mit transzendenten Phänomenen umgehen. Es ließe sich vielleicht sagen: „Nun ja, sie kennen es nicht anders. Glauben ist schließlich nicht wissen.“ Ein Paradoxon wäre dann aber auch die Wissenschaftsgläubigkeit. Es gäbe die Welt nicht mehr, hätten sich alle noch so klugen wissenschaftlichen Prophezeiungen bewahrheitet!

Rechthabereien führen hier nicht weiter. Polarisierungen spalten nur – und machen *„ver-dreht"*. Es geht auch nicht darum, den Kopf in den Sand zu stecken.

Immerhin meinte so jemand wie Max Planck (1858–1947) einmal:

Für den Gläubigen steht Gott am Anfang,
für den Wissenschaftler steht er
am Ende all seiner Überlegungen.

Wissenschaft und Forschung verdienen höchste Anerkennung. Nur machen Wissen, Technik und noch so kluge Erkenntnisse das Leben nicht gleich auch immer lebenswert.

Entspringt Wissen der Kopfenergie, formt die Herzenergie den Glauben. Daraus folgt, dass intuitive Ahnungen das kluge Denken auch übersteigen können. Allein nur das *Begreifen* erfüllt uns irgendwie nicht. Die wesentlichen Lebensinhalte sind nun mal *„unbegreiflich"*, sie sind nicht machbar, machen aber gerade das Leben aus: Liebe, Güte, Vertrauen, Trauer, Hilfsbereitschaft, Freude und nicht zuletzt auch der Frohsinn! Was zeigt das?

Das Wesentliche ist letztlich Geschenk. Es sind Gaben, durch persönliche Einflussnahmen zum Schlechten wie zum Guten hin veränderbar. Liegt Gelingendes in einer Art demütiger Vertrauensbereitschaft verborgen, so schließt das immer auch zugleich Gnade, Dankbarkeit und Freude mit ein.

Ein schönes Bild des Vertrauens und der Gnade ist denn auch seit alters her der Schutzengel.

Wenn du glaubst, es geht nicht mehr – kommt von irgendwo ein Engel her

Bitte um einen Schutzengel

Ich bitte nicht um einen Engel,
der alle Dunkelheit vertreibt.
Ich bitte nur um einen Engel,
der Lichtschein mir im Dunkel bleibt.

Ich bitte nicht um einen Engel,
der jede Antwort weiß und sagt.
Ich bitte nur um einen Engel,
der Fragen auszuhalten wagt.

Ich bitte nicht um einen Engel,
mit dem mein Klagen gleich vergeht.
Ich bitte nur um einen Engel,
der mich in meinem Schmerz versteht.

Ich bitte nicht um einen Engel,
der 's Paradies mir hier verspricht.
Ich bitte nur um einen Engel,
der sagt: „Ach, fürchte dich doch nicht."

Ich bitte nicht um einen Engel,
der keinen Spaß mir je verwehrt.
Ich bitte nur um einen Engel,
der still mich Freud und Frohsinn lehrt.

Nach Detlev Block

Glauben beginnt mit dem Staunen und dem gleichzeitigen Gefühl innerer Geborgenheit. Wer nicht (mehr) staunen kann, kann sich auch nicht mehr so recht freuen; es fehlt ihm die Grundsubstanz des Frohsinns. Dann ist alles nur halb so schön.

Während ich dieses schreibe verfinstert sich draußen die Sonne: Sonnenfinsternis. Es ist Freitag, der 20. März 2015, 09.45 Uhr. Ich halte ein und gehe nach draußen; es ist seltsam still. Unbewusst drängen sich mir in der Tagesdämmerung Fragen auf: Wer sind wir? Wo kommen wir her und wo gehen wir hin?

Nicht nur die Sonnenfinsternis verdeutlicht uns, dass über uns hinaus weit mehr ist und wirkt, als es der Verstand uns auch nur annähernd begreiflich machen könnte. Nach einer still staunenden Weile, immer mal wieder mit Blick zum Himmel, höre ich danach im Rundfunk: Die „Sofie" vermittelte so etwas wie eine Ahnung der Allmacht über unsere klugen Köpfe hinweg. Tiere zogen sich zurück und fraßen auf einmal nicht mehr. Lautes Reden verstummte beim Blick zum Himmel. Und ein Kommentator meinte gar: Über alles legte sich eine feierlich ruhige Stimmung. Unwillkürlich dachte ich:

Nur eine Sonnenfinsternis reicht zur Einsicht, dass wir selbst wohl kaum der Dreh- und Angelpunkt im Universum sind. Unser Leben ist abhängig von einer Sonne, die bis in die Fernen des Milchstraßensystems durch die endlosen Weiten des Weltalls ihre Bahnen zieht. Darüber hinaus kreisen unzählige Himmelskörper in anderen Galaxien um weitere 100 bis 300 Millarden anderer Sonnen ... Dabei ist alles mit allem bis auf's Feinste miteinander verbunden, die Sterne, die Atomkerne, die Erde, wir Menschen. Die moderne Astrophysik spricht staunend von den „Higgs-Teilchen". Nichts existiert nur für sich allein. Staunen mündet in Verwunderung. Denn das soll alles nur ein Zufallsprodukt sein? Kaum zu glauben, dass da über uns hinaus nichts als Nichts ist.

Als es wieder heller wird, schaue ich mich um. Frühlingsanfang. Unwillkürlich denke ich an ein schönes Kirchenlied von Georg Thurmair (1909–1984). Zwei Strophen reichen, die mein Staunen in Freude verwandeln:

Mein Gott, wie schön ist deine Welt!
Der Wald ist grün, die Wiesen blühn,
die großen Ströme ziehn dahin,
vom Sonnenglanz erhellt;
die Wolken und die Winde fliehn,
das Leben rauscht und braust dahin,
so wie es uns gefällt.

Mein Gott, wie schön ist deine Welt!
Die Vögel jauchzen hoch hinauf
und niemand hemmt der Tiere Lauf
da draußen auf dem Feld.
Die Sonne bringt den Tag herauf,
die Nacht erhellt der Sterne Lauf -
so wie es Dir gefällt.
Mein Gott, wie schön ist deine Welt!

Ich setze mich wieder an den Schreibtisch und denke: Recht leben, ohne Rechthaberei, das ist es... Das geht nicht ohne Ehrfurcht und Demut. Aber erst das macht froh und heiter. Müssen wir nicht das richtige Staunen (erst) wieder lernen, um wirklich froh und menschenwürdig zu leben? Ja, dabei drängen sich existentielle Fragen auf. Wer aber solchen Sinnfragen ausweicht, der kann nicht froh und heiter leben, weil es dann an der nötigen Gelassenheit und Zuversicht fehlt. Interessant ist, dass es bei den grundliegenden Sinnfragen gar nicht darum geht, wer recht hat und wer nicht. Immer wenn es um mehr geht, stört nur so ein ereifernd polarisierendes Denken. Ja: Recht leben, ohne Rechthaberei, das ist es ...

Das zeigte vor einiger Zeit auch ein Gespräch mit einem neunmalklugen Schlaumeier. Ich versuchte, ihm zu erklären: „Das Schöne am Erstaunenswerten ist, dass es dabei nichts Falsches und nichts Rechtes gibt." Er aber wehrte meine Aussage sogleich ab und antwortete: „Das gibt es nicht." Ich sagte nur noch: „Gibt es nicht, gibt es nicht ..." Da schaute er mich auf einmal sprachlos an – und lächelte. Ob er staunte? Immerhin lächelte er.

Ja, was setzt Staunen voraus? Von sich absehen, mehr sehen, als das, was (machbar) ist. Der wunderbare Sonnenuntergang, das Rauschen des Meeres, das ferne Rufen des Kuckucks ... all das ist nicht nach Gutdünken verfügbar, es setzt vielmehr eine achtsame Wahrnehmungsbereitschaft voraus, die Geneigtheit, sich anrühren zu lassen. Ob es uns bewusst ist oder nicht, das ist eine demütige Haltung; erst sie lässt uns staunen.

Demut ist nicht eine sich selbst klein machende Lebenshaltung, sondern Mut, Größeres als sich selbst würdigen zu können. Das bedarf der Gnade. Sonst ist das nicht möglich.

Machen ist oft mühevoll und, wenn was daneben gegangen oder gar nichts (mehr) zu machen ist, oft auch enttäuschend, bitter, traurig. Gnade hingegen vermittelt Angenommensein, überwindet Angst und weckt Gefühle der Geborgenheit, Dankbarkeit und Freude. Ein alter Hausspruch hierzu lautet:

Wechselnde Pfade, Schatten und Licht,
alles ist Gnade, fürchte dich nicht.

Gnade und Glaubensbereitschaft gehören zusammen. Wenn Gnade uns durch seelische Ahnungen signalisiert, nicht allein, sondern begleitet, ja, geleitet zu sein, so setzt die in uns wirken wollende Glaubenskraft zunächst einmal demütig *eine Einwilligung ins Geleitetsein* voraus. Dabei willigt gewissermaßen der eigene Wille in die Synchronisation mit einem übergeordneten Willen ein.

Anders geht das nicht. Auch so nur harmonieren Verstand (Intellectus) und Weisheit (Sapientia). Letztlich bleibt alles halber Kram, wenn unsere Seele mundtot bleibt. Wir können uns der Vorstellung des Vollkommenen nicht entziehen. Wir selbst können uns nicht die ersehnte Letztbegründung geben. Wir können für das Wesentliche des Lebens nur offen sein. Es weist über uns selbst hinaus und verweist auf eine Transzendenz, die alles übersteigt, letztlich aber auf eine undefinierbare Art und Weise „unsäglich“ froh macht. Andernfalls bliebe man (allein) auf sich selbst zurückgeworfen. Für Fulbert Steffinsky (* 1933) eine unerträgliche Vorstellung: „Kein Mensch kann sich selbst entkommen. Keiner leuchtet sich selber ein. Und welche Art Frohsinn könnte schon damit einhergehen, bis zur bitteren Neige ständiger Gast seiner selbst zu sein?“ (aus: Schwarzbrotspiritualität)

Ich glaube denn auch, dass es keine seelenlose Zeit ist, in der wir leben, aber dass es eine Zeit ist, die die Seele sucht.

Es ist ganz einfach: Gott zeigt sich da, wo der Frohsinn blüht, wo die Hoffnung nicht schwindet und sich in der Stille die Dankbarkeit regt. Ja: Froh zu sein, bedarf es wenig ...

Was die Seele braucht

Sie braucht einen Platz,
auf dem sie steht.
Sie braucht einen Freund,
der mit ihr geht.

Sie braucht ein Tun,
das sie täglich erfreut.
Sie braucht Stille,
Sinn und Beharrlichkeit.

Sie braucht etwas Schönes,
das empor sie hebt.
Sie braucht den Frohsinn,
solange sie lebt.

Sie braucht Orientierung,
für Gott bereit,
zum Lauschen und Ahnen
der Ewigkeit.

Otto Pötter

ein Geschenk des Himmels,
uns selbst gedeihen.

Erfrische Geist und Sinn

1648 ging der 30-jährige Krieg, der Deutschland und weite Teile Europas fürchterlich verwüstet hatte, durch den Friedenschluss in Münster und Osnabrück zu Ende.

Paul Gerhardt (1607–1676) hatte nach seinem Theologiestudium immer noch keine Pfarrstelle bekommen und verdiente seinen kargen Lebensunterhalt als Hauslehrer in Berlin. Doch statt Gott und die Welt anzuklagen und zu verzweifeln, dichtete er schöne Lieder für Gottesdienste. Statt Verzweiflung und Trübsinn wollte er Zuversicht und Frohsinn vermitteln. Was für ein Mensch in so einer Zeit! Er wollte die Menschen stärken statt sie zu entmutigen, nicht nörgeln, sondern zu Gutem anregen. So schrieb er im Jahre 1647:

Nun danket all und bringet Ehr,
ihr Menschen in der Welt.

Mit anderen Worten: Hört endlich auf, die Welt zu verteufeln. Schluss jetzt mit all der Schwarzmalerei und dem Klagen.

Er wird an die abklingenden Kampfhandlungen gedacht haben, denn in der letzten Strophe heißt es: „Er lasse seinen Frieden ruhn auf seinem Volk und Land."

Als Kontrast zu den Zeitverhältnissen damals steht in diesem Lied die Bitte: „Er gebe uns ein fröhlich Herz, erfrische Geist und Sinn."

Welch ein Zeichen der Hoffnung und des Frohsinns in einer trostlos zerrütteten Welt!

Wir leben heute völlig anders als damals. Obwohl wir heute, im Gegensatz zum Ende des 30-jährigen Krieges, mehr als gut leben, wäre diese Bitte auch für uns die beste Grundlage einer ganzheitlich ausgerichteten Psychohygiene, sie wäre eine Wohltat für die suchende Seele. Denn:

Angst, Furcht, Sorg und Schmerz sind und waren schon immer gefürchtete Zutaten des Lebens. Sie zu überwinden, dazu kann der Glaube eine große Hilfe sein.

Uns sollte dabei zu denken geben, dass trotz Wissenschaft und Wohlstand die Herzen nicht froher und Geist und Sinn nicht erfrischter wirken. Das verweist auf eine Notwendigkeit des Umdenkens und zugleich auf eine nicht zu vernachlässigende Grundorientierung, Sinnvolles zu tun, etwas, was die Seele braucht.

Jeden Tag etwas, aber keinen Tag nichts.

Wir müssen nicht anders werden, aber auf andere Gedanken kommen, Gewohntes anders tun, so dass wir es zum Guten verwandeln.

Paul Gerhardt sieht darin eine Aufgabe, zu deren Gelingen er göttlichen Beistand erhofft, wenn er schreibt: „Er gebe uns ein fröhlich Herz, erfrische Geist und Sinn. Und werf all Angst, Furcht, Sorg und Schmerz in Meerestiefen hin."

Ja, um gut leben zu können, sind regelmäßige Zeiten der Stille und Besinnung Kraftquellen, die Lebensbejahung und Frohsinn schenken. Dann können auch wir freudig mit einstimmen in den schönen Kanon:

Froh zu sein, bedarf es wenig,
doch wer froh ist, ist ein König!